決定版

営業部長の戦い方

元リクルート営業部長

北澤孝太郎

KITAZAWA KOTARO

はじめに

現在私は、大学における日本ではじめてのＭＢＡ（営業戦略・組織）のクラスを担当する一方、企業の営業リーダーや管理職の研修を行っています。
昨今私に研修を依頼してくる経営層や人事部、経営企画室の人は、次のようなことに大変頭を悩ませています。

自社のビジネスが伸びないのは、
・営業リーダー（管理職）が、時代に合った「やるべきこと」をできていないからではないか
・顧客へのデジタルを駆使した科学的なアプローチ手法に対応できていないのではないか
・多様な志向を持つ若手社員をうまく育てられていないのではないか

・世の中の変化に合った方針を打ち出せていないのではないか

私に相談にくる彼らも、これからどうしていけばいいのか、どこに課題があるのか、確かな答えを描けないでいます。

考えてみれば、多くの管理職世代が育った時代は、今から比べればはるかにビジネスがしやすい環境でした。しかし当時と今とでは、環境が違いすぎます。この違いを踏まえ、若い世代のことを理解し、適切に行動させることは、生半可なことではありません。

つまり、今営業部長や営業担当役員になり、時代の変化に真正面から対応するには、相当な努力が求められるのです。

現場に渦巻く葛藤を理解し、ひとつひとつ丁寧に解決していくことはもちろん、「短期的な売上や利益」を上げ続けなければならないのは言うまでもありません。

これらをこなしていくには、とてつもない労力がかかります。

定年退職が近づいてくると体力・気力が衰え始めますから、ついついサラリーマン人生を穏やかに卒業していきたいといった「逃げ腰」になったとしても、無理はありません。

また頼りにしたい企業研修にしても、昨今はなかなか即効性のある効果は期待できないのが実情です。台所事情が悪くなり、かつてのように教育投資に資金がかけられなくなった企業は少なくありません。

とはいえ、私が営業部長になったときのことを思い返してみれば、営業部長は今この瞬間も孤独に悩み、苦悩していることは容易に想像できます。

その頃の私は、これから何をすればいいのか、右も左もわからずに、ただただ不安でいた記憶が鮮明に残っています。

つまり当の本人は、どうしたらいいのか、自分の果たすべきことは何なのかを、教えて欲しいと思っている、だけれども教えられる人が誰もいない、というのが現実なわけです。

営業課長になったときは、少し事情が違いました。何をすればいいのか、社内に事例も多く存在し、先輩に解答を求めても、ある程度的確な答えが得られました。ところが、営業部長になったときは、周りに聞いて回るのも自分の価値を落とすようで恥ずかしいし、そもそも周りを見回しても、はっきりとモデルになるような人がいませんでした。ですから、課長と部長の役割の違いがわからないまま日数ばかりが過ぎていきました。

こうなると、できることは次のことに終始するようになります。

・今までやってきたことの権限を大きくした範囲で続ける
・課長の部下指導やビジネスを助ける
・組織の長として経営陣とのパイプ役を果たす
・組織のやるべきこと、目指すべきことを会社方針に準拠して（言い換えて）発信する自分が営業部長としてやるべきこととは何か。そのことに自信を持って答えられない状態は、役員になっても継続しました。役員になって何をするべきかも、営業部長の権限が大きくなった範囲でしか考えられず、ずいぶんと部下に迷惑をかけました。今になって振り返れば後悔することだらけです。

もしあのとき、営業部長は何をするべきか、営業の役員は何をするべきかを、もっと明確にわかっていれば前向きな動きがとれたはずだと思うのです。

日本の組織は、序列を大切にするタテ社会がいまだに厳然と存在しています。そのうえ、現場の責任者と経営の責任者とを分ける教育システムも脆弱です。

海外のように、経営をビジネススクールで体系的に学んできた人がその任に就くのではなく、現場で叩き上げて、現場のことをよく知る人がある日突然経営陣に就く（執行役員や取締役になる）ことが大半です。

であるならば、こんなにも時代が大きく変化する中で、課長、部長、役員の役割分担は、変化しつつも明らかに存在するはずだ。その中で、とりわけキーパーソンとなり得る部長の役割は何なのか、それを明確に解き明かしてみようというのが本書の狙いです。

本書を読まれた営業部長の方は、明日から自分は何をなすべきか、迷わず、腹落ちして行動できるそんな状態を作り出すことを目標にしています。

今まさに部長自身の役割について迷っている方はもちろん、次に部長の任に就かんとする方、あるいは営業部長をどう導いたら経営がうまくいくかと思案されている経営陣の方々に、本書が最適な手引き書になると自負しています。

私たちのビジネス環境は絶えず変化しています。この変化に対応し、成長し続けるためには、過去の成功体験にとらわれず、常に自己革新を図り、新しい学びを取り入れる姿勢が必要です。そんなときに、本書が会社全体の営業力を向上させ、持続可能な成長を実現するヒントになることを願っています。

ぜひ、最後までお付き合いいただければ幸いです。

目次——決定版　営業部長の戦い方

はじめに

■第1章　なぜ今、営業部長なのか

■第2章　外部統合でイノベーションを起こせ

■第3章　共感を生む営業戦略・戦術の作り方

■第4章　優秀な営業課長の育て方

■第5章 これからの営業組織の考え方

■第6章　これからの営業部長の役割

第1章

なぜ今、営業部長なのか

1 まずは、「営業」の概念を変えよ

営業は「業を営む」ということですから、もともとはビジネスそのものを指していました。

私が入社したときは、営業部の中に、商品企画やマーケティング（宣伝）はもとより、物流も含めて多くの機能が混在していました。

それが、だんだん分業化されていき、「営業はセールスだ」ということになっていきました。

経済が発展するときは、仕事を分業化していくことが合理的です。

私は商品を作る人、私は売る人と分業化することで、それぞれの仕事に責任を持つ。今に比べればはるかにモノが売れた時代ですから、それをどう効率的に売って

いくか、そのスピードと標準化（再現性）が大切だったのです。

ところが、経済に最も影響を及ぼす人口増加がストップして、縮小・成熟傾向に入った今、仕事を分業化し続けることは、必ずしも合理的とは言えません。

モノが売りにくい時代には、全員で顧客接点に向かった方が、多くの知恵を結集できるからです。

昨今は既存の商品を何が何でも売り込むというより、顧客の状況に合わせて改良を加えたり、まったく新しい商品を提案したりと、**ビジネスを創造していく力**が求められるようになっています。

そう考えると、顧客接点を担っている営業セクションでも、売ること（セールス）の責任を担うことより、他の部署の人間を巻き込みながら、ビジネスを作っていくことが求められます。

すなわち営業セクションは、**「セールス」活動から「ビジネスメイキング」していくことに活動の軸足を移していくべき**というのが、私の主張です。

もともとビジネスは、自分が心配に思ったことの世話をすることで成立します。**人々が幸せになるために「不足するもの」を心配し、その「お世話の方法」を考える**のがビジネスであり、起業の精神にも通じるのです。

その大きさや深さに応じて、仕組みや人の巻き込み方が変わり、長い時間軸で、広く全体を見渡す視点が必要になります。

一方セールスは、まず人が足りていないものを与える（その見返りまではそのときは考えない）という意味ですので、もっと瞬間的な、行為的なものを指すと言えるでしょう。

営業部門のセールスからビジネスメイキングへの転換は、まさしく事業の分業化から協働化へのシフトを表しているのです。

そう考えると、営業は、営業セクションの人間がリードはしていくものの、本来は「社員全員の仕事」と言えるはずです。

社長はもちろんのこと、製造や流通、人事や総務、システムや受付に至るまで、全社員がビジネスメイキングの一端を担うことになるからです。

会社全体が、機動性を持って、顧客や世の中の状況を把握したうえで、こういう心配ごとを世話していくのだと決める。

それを成し遂げるために、全体のあり方を変えながら、さまざまなことを実行していくことこそが営業行為ということになっていくのです。

Point - 1

会社の分業化推進の方向をやめ、顧客接点に全員が集中する考えに立とう。

2

営業が努力すべき3つの方向性

営業（ビジネスメイキング）行為の努力の方向性について、大切になることが３つあります。

１つ目は、**違いを追求する**ことです。

かつて経済が右肩上がりに発展していく過程では、標準化が重視されました。皆と同じことをしていると、発展の流れに乗って自分も浮上していくことができました。日本人の持っている「同調圧力」がいい方向に出た時代とも言えるでしょう。

ところが、経済が成熟し、縮小していく局面では、人と同じことをしていると自分も下がっていきます。

まさしく、「普通はリスク」で、人と同じにならないように、ユニークさを求めなければなりません。

それは、会社も個人も同じです。

努力の方向性として、まず、他との違いを作るということを意識する必要があります。

なぜ「違い」が求められるのか。それは、成熟した経済によって人々の間に余裕が生まれ、豊かさにも差が生じて、それが多様な嗜好を生み出すためです。

2つ目は、**共感を得る**ことです。

同じものが大量には売れなくなり、個別少量生産をいかに実現するかが企業課題となったのは前述の通りです。

すなわち、市場の最大公約数を探すより、最小公倍数をいくつも積み上げる方が、合理的な時代になったのです。

そうした環境下では、強い共感を得て、お客さんの側から「買わせて欲しい」と言ってもらえるようにすることが、セールスの極意になるのです。

3つ目は、**言葉を磨く**ことです。

前述の2つにも通じることですが、他との違いを作ったうえで強い共感を得るためには、言葉を磨く重要性をしっかりと認識する必要があります。

アバウトなことを言っていても他との明確な違いは作れないし、文脈がない言葉からは強い共感は生まれません。

経済が発展していく過程では、とにかくスピードを上げて結果を出すことが優先されました。努力は背中で見せろ。無言実行。結果がすべて。プロセスの途中で厳しさを説明しようとすれば、そんなの言い訳だと批判されたものです。

ところが、経済が成熟・縮小していく場面では、目標もそれぞれですし、そこに至る方法もそれぞれで、モチベーションを高くしようと思えば人々のしっかりした納得を得ることが重要になります。

納得や共感を得られなければその集団のパフォーマンスが上がらないとなれば、当然、結果を出すことよりもまずは「プロセス」をどうしていくのかが重要になります。

プロセス全体に感情表現豊かな物語があるかないか、信頼できる実現可能な論理性があるかないかで、人の巻き込み方が変わり、成功に至る確率が違うようになるのです。

その納得というか、腹落ち感を作り出すのが「言葉」です。だからこそ、言葉力を磨くことが一層求められるというわけです。

Point - 2

努力の方向性を、人（他社）との違いを作る、顧客の強い共感を得る、人を動かす言葉を磨くことに向けよう。

3 「主導権」の変化に目を向ける

インターネットの出現で、世の中は大きく変わりました。

その中で、最も大きな変化は、**情報の価値が大きく下がった**ことでしょう。

経済が大いに発展していった時代は、皆が同じ方向を向いていたため、情報を持っていることこそが、他に先駆けたり、他に後れを取らない源泉でした。

企業や人は、その情報を求めて多額のコストを支払いました。

努力して情報を取得した営業パーソンは、顧客から大変重宝がられ、顧客にとって無駄と思われる過剰な発注も、その情報と交換されるように得ることが可能な時代だったのです。

ところが、かつて営業パーソンが所持していたような情報は、今やインターネット上から簡単に得ることが可能です。

今までコストを払わないと得られなかった他社の動向や見積もりでさえ、得ることができるようになりました。


それは、顧客にしても同じことが言えます。

かつては、たまたま目の前にいる信用できそうな営業パーソンや知人などから得られた情報や噂などを判断の拠り所にしていたものも、今となってはインターネット上でかなり正確な情報を得ることができるようになりました。

経済発展の折は、供給不足も相まって、供給側の言いなりにならざるを得なかった取引が、経済縮小に供給過多も後押しし、顧客側の主導で行えるようにもなりました。まさに取引の主導権は、供給側から顧客側に移ったのです。


インターネットは労働市場にも大きな影響を及ぼしました。

他社に転職するとどんな境遇で迎えられるか、またどんな働き方になるかといった情報は、少ない転職雑誌の情報か転職エージェントの言うことを信じて、清水の舞台から飛び降りるつもりで決断していたものです。

また企業の方も、転職者を厚遇で迎え入れていた企業の情報は市場に流れるべくもなく、終身雇用を信じて年功序列に甘んじていた従業員に配慮して、転職者には厳しい条件で迎え入れることが当たり前でした。

だからこそ、上司は、「もし自分や会社が気に入らなければいつでも外に出て行っていい。その代わり人生が終わったも同然。厳しい現実が待ち受けているぞ」と脅し、自分に忖度するよう（指示に従うよう）促していました。

働く側よりも上司側に主導権があったと言えます。

ところが、インターネットの出現で、厚遇で迎えてくれる、また働きやすい環境を用意してくれる企業の情報がたくさん知れ渡ると、自社でこのまま働くか、他社に移るかの判断を上司の脅しに屈することなく、自分のキャリア形成に有利かどうかで決断できるようになりました。

自律的キャリア形成の始まりです。

まさしく、労働市場は、上司の主導権から働く側の主導権に移ったのです。

つまり、これまでは、価値の高い情報を企業が握り、それを持つ企業の利益が何より優先され、それにより雇用が守られていた構図でした。

しかし今は、顧客の志向（嗜好）や成功を優先し、働く側のやる気やキャリア形成を優先することになったのです。それらが前提でなければ企業利益もなく、存続できないという状況に変化したのです。

Point - 3

取引の主導権は企業から顧客に、労働市場の主導権は会社や上司から働く側に変わったと認識しよう。

4

「存在意義」と「思い」を明確にする

さらに、ＣＳＲ（企業の社会的責任）やＥＳＧ（環境・社会・統治）に配慮する企業でないと長期的成長が見込めない、つまり投資する価値がないと判断されるようにもなってきました。

言い換えますと、市場独占や従業員の献身を戦略にして企業利益を確実に出していくことを一義と考える企業よりも、多少利益の増減はあるかもしれないが、顧客と従業員の方を向き、環境や社会に貢献できるようにチャレンジ（投資）している企業の方が価値がある、と判断されるようになったのです。

極端な言い方をすると、それによって赤字に転落した経験があってもそれを挽回した物語を持っている企業の方が魅力的で好意を持たれる（購買対象や投資対象になる）ように変わってきたということです。

この状況を企業経営に当てはめます。

かつては、スピードと標準化によって、徹底的な効率化を求めてきた「利益増大という絶対的価値追求」の経営でした。

それが今では、**他社との違いを鮮明にしたり、生産性を上げて従業員を楽にしたり、世間で言われているような「環境」に配慮をしたり、社会と協調したりする経営**（企業ごとの存在意味という相対的価値追求）に変わったとも言えるでしょう。

まさに、競争によって成長を促す「資本主義」から、皆の腹落ちによって全体的な生産性を高める「民主主義」への転換です。

それらを実現するためには、これまでのような内向きの努力だけでは不十分です。圧倒的に外との接点を持ち、外から知識を持ってきて活かしたり、外と比べて価値があるようにマーケティングラインや生産ラインまで変更していくことが求められます。

さらに、**なぜそれをするのかという「企業それぞれの存在意味」を明確にする**必要に迫られます。

つまり、「なぜ企業活動をするのか」という旗頭（もちろん長期的には変貌してもよい）、つまり「思い」がないと、社会や顧客、従業員やその他のステークホルダーからは共感が得られず、活動を円滑に進めることが困難になったということです。

企業ごとに**何をする企業なのかを明確にし、それはなぜかという動機、そしてそれをどう実現するのかというストーリーを腹落ちさせることに迫られている**のです。

Point - 4

企業ごとに、存在する理由、すなわち「思い」を明確にして、それを一義に行動しよう。

5 役職ごとの役割分担を見直せ

　これからの企業は、他社との明確な違いを作り、顧客や関係者から強い共感を得、表現する言葉を磨き、それをするために内より外へ出かけて行って知を求め、活動そのものの大義名分を作らないといけない。

　前項まででこういう説明をしてきました。

　私は、それらを主導し、実行するのが部長、特に顧客との接点を持っている営業部長の仕事だと考えています。

　日本の企業には、厳然たるタテ社会が今も存在しています。

　序列を大切にすることで、賃金の高騰を防ぎ、ある意味ガバナンスを保ってきました。

役員にまで、平取（執行役員含む）、常務、専務、副社長、社長という序列を作っている国は、日本だけと言ってもいいでしょう。この実利よりも面子を重んじるメンタリティは、江戸時代から脈々と築き上げられ、ある意味年功序列という仕組みは、それを高度経済成長に活かした組織的イノベーションであったとも言えます。

日本人の間では、どんなに社会が進歩しても、この面子を大切にするメンタリティは、一朝一夕に消えるものではないのです。

だったらそれを活かして新しい役割定義をし直すべきだというのが私の意見です。

今まで、日本の企業が得意としてきたのは、組織をできるだけ小さな単位に分け、そこの責任者、つまり小隊長が、徹底的にその組織を磨き上げる。

隊員の日々の悩みや私生活まで面倒を見て脱落者を出さず、極めて高レベルで再現できるようにする。

中隊長は、その活動を補佐し、大隊長は、小さな単位の組織の粒が、そこだけ異質になっていないか、逆に粒ぞろいとなっているかの最終的な標準化を監督する。

そんな仕組みでした。

第二次世界大戦の戦後復興で高度成長を目指したとき、世界から最も強い組織と恐れられたのは、この小隊長とそれを支える仕組みが大いに機能したからです。

私はこうした組織運営の方法を「内部統制型運営」と呼んでいます。

ところが、今企業がやらないといけないことを実行に移すには、この内部統制型運営だけでは、立ち行かなくなってしまいました。

外に目を向け、外にある知識を内に持ってきたり、外の組織と連携を図ったりする「外部統合型運営」が急務です。

他社の優れた知識や技術を社内に持ち込むということだけではなく、M＆Aや外部人材のスカウト、資本提携や社会団体との結びつき、前述の環境への配慮なども外部統合と言えます。

この、**最も優先度の高い大切な仕事をやり遂げる役割を部長（営業部長）に担わせ、内部統制は従来通り課長（営業課長）が担うのが合理的**だと考えます。

ただ、2000年頃から始まった企業をできるだけ潰さずに存続させるオペレーションの中で、中間管理職の存在が形骸化し、プレイヤー化を推進してしまいました。その結果、組織をピカピカに磨ける課長が少なくなってしまったのです。

その代わりをさせられている部長が多いのも事実です。

したがって、この「外部統合」の役割は、内部統制ができる課長を育てたうえでというのが前提となります。

昨今あまりに営業部長の負担が大きいということを考えると、この内部統制ができる課長を育てるという行為は、課長教育を実施する人事部や経営企画室などと行う「共同作業」と表現するのが適切かもしれません。

また、役員の役割は、部長によって行われた外部統合で得た芽を実際の企業活動に活かしきることだと言えます。

そうだとすれば、その役割を担う役員と連携して、部長がやるべきことがあります。

それは、**役員が言葉にした「思い」を、実際の企業運営の戦略や戦術に落とし込み、組織のすみずみや顧客を含むステークホルダーにまで浸透させること**です。

これもまた、営業部長の役割と言えるでしょう。

今までの営業部長は、営業課長を補佐する（大課長になって管理を強化する）のが主な役割でした。それが今では、これだけ変化したことになります。

それぞれの面子を大切にする日本型のガバナンスを活かしながら、企業にイノベーションをもたらす仕組みは、部長、営業部長がその中心になるという以外に見当たりません。

この仕事は、これから企業の運命まで左右する重責です。

これらのことができる営業部長が何人も現れることこそが、日本企業の現状を救う切り札と言っても過言ではないでしょう。

こうした営業部長を複数、そして厚くすることが待ち望まれるのです。

Point - 5

課長は内部統制、部長は外部統合、役員はイノベーションの完成に責任を持つ。イノベーションの先頭は営業部長であり、「思い」を、戦略・戦術に落とし込む役割を持つ。

では、新しく営業部長の仕事と役割を再定義した次の3つは具体的にどういうことなのでしょうか。

①外部統合でビジネスメイキングするイノベーションを起こす
②明確な「思い」を部下が共感する戦略・戦術に落とす
③内部統制のできる優秀な営業課長を育てる

次の章から細かく見ていくことにしましょう。

Episode-1

「営業部長・寺山真司の奮闘記」

「山田課長、あのA社の仕事は断ってしまったんですよね。」

「ここでの多額投資は当社の状況を考えるとできないからなぁ。」

「もったいない。いつもこんなワクワクするような案件を持ってくるのは山田さんじゃないですか。みんなやる気だったのに、本当に残念がっていますよ。」

「そうか。」

そんなやり取りが、寺山真司の耳にも聞こえてきていた。真司は、山田の上司でこの営業部の部長である。

A社は、B国の造船業界トップで、今までは、競合のC国のD社がその鉄素材のほとんどを受注していた。
ところが、A社は、新製品建造にあたり、もっとフレキシブルに対応してくれる企業を探して、当社にも声をかけてきた。試作品を早急に納品すること、将来はその製造をB国内でできるようにA社の関連E社でOEM生産することが条件である。

このプロジェクトが取れたら当社の売上増に大きく貢献するに違いない。一方、それを受けると、試作品納期があまりにも短いことから、工場の負担が短期的に大幅に増えることが確実で、またOEM生産となると多額投資の回収が遅くなることが予想される。

常務からは、多額投資は、しばらく控えること、この環境下で残業を増やすことは絶対に慎むようにと方針説明があったばかりでもある。

当然会社の方針には逆らえない。だから、山田課長の何とか売上にも貢献したいという気持ちはわかるが、いったん会社の都合を優先し、断るという判断を山田課長に命じたばかりだった。

ただ、その判断の後、間違いなく部の士気は落ち始めた。山田課長もどこかやる気をなくしているように見えた。

部長としての自分の仕事は、自分の経験をもとに、課長が立案してくる案件を厳しくチェックして、会社の方針に沿うように導くこと、そしてどうしてそうなるのかを指導することであると強く信じての判断である。

間違っているはずがない、3月で売上や利益を締めたとき、部の利益が黒字なら彼らも理解してくれるだろう。そう思っていた。実はこの件をめぐって山田課長とこんなやり取りがあったのだ。

「この案件、どうしても通して欲しいのです。」

「山田君、試作品納期が3か月とはあまりにも短すぎるよ。それにOEMが条件だと投資の回収に時間がかかる。計算してみたかね。」

「はい。ただ、今年は赤字になるかもしれませんが、来期からは順調にいけば黒字幅が大きくなるのは確実です。」

「考えはわかるが、常務からの方針である多額投資は今年は控える。働き方改革を推進するのに残業を増やさないというのを忘れていないかい。優先すべきは、方針の徹底だよ。」

「だからと言って、みすみす当社が成長する機会を見逃すんですか。」

「山田君の試算では、初年度の赤字を次年度から挽回するとなっているが、試作品を作る費用を安く見積もりすぎだし、ＯＥＭ生産ではその挽回のペースももっと鈍るんじゃないかい。それより、足元の受注のコストを削減することに力を注ぐべきだよ。」

「仰ることはよくわかりますが、B国のA社の発注を受けるということは、その他の国々や、他企業からの発注にも影響を及ぼすと思うんです。柔軟な対応ができる当社のアピールになるんじゃないですか。」

「それもわかるが、当社には、今その柔軟な対応をするルールがない。緩い発注を受けた結果、赤字が膨らんでいるのが現状だ。ここは堪えてくれ。」

山田課長は、しばらく黙った後、

「わかりました。仕方がないです。方針には従います。」

と言い残し、肩を落として席に戻っていった。

真司は、部長になって半年、自分が課長時代に部長だった常務のやり方を見ていて、それこそが部長のやるべき道だ、まずそれを真似て、ある程度経ったら自分の独自色を出せばいいという信念で動いている。ただ、時代の変化を感じないわけでもなく、新しい部長像を作らねばという気持ちもないわけではない。

果たして、今回の判断が正しかったのか。士気が落ち、業績に陰りが見え始めた今、自身の信念に揺らぎがあることを感じざるを得なかった。

真司には、こんなサラリーマンの岐路に立ったとき、いつも相談する御仁がいる。

今は、K社の相談役に退いているが、その風貌と歯に衣着せぬ発言から業界ではBOSSと言われた前田さんだ。

真司は、まだ若いときに、ある事件をきっかけに知り合い、それ以降、相談を持ち掛ける間柄になった。久しぶりにその前田さんを誘い出し、この判断でよかったのか確認してみたくなった。

ある夜のこと、真司は、これまでの流れを一通り説明して、思い切って聞いてみた。

「前田さん、部長のやるべきことってこの時代変わってきたんでしょうかね。なんか理解してもらえていないような気がして、自信が持てなくなりました。」

前田はしばらく黙ったあと、

「そんな難しいことはわからないが、ひとつだけ言えることは、君はその案件を自分がやるつもりで調べたかということや。必要な技術、納期の計算、赤字解消のシナリオ、それらを全部自分でやってみて判断したのなら問題なし。けれど、それを部下に任せて、部下の未熟な計算で判断したんやったらあかん。そういうこっちゃ。」

関西が長かった前田の言葉は、まろやかだがいつも核心をついていた。

「えっ？」

「その部下と君、どっちが実力は上や？　君の方が実力があるから部長になってんのと違うか。こんな変化の激しい難しい時代は、実力のある人間が自分の目で判断せんとあかんのと違うやろか。」

「……。」

「そのときに必要な技術、どんな陣形で臨めばいいかということ、収支を計算するときにわかる市場のこと、それらがわかるせっかくの機会も逃してしもうたということかもしれへんで。」


確かに、山田課長の計算やそれを反映した稟議書は確認したが、自分でその資料の大もとになるものを調べたわけではなかった。


「それから、君の掲げている部の戦略というか方針はなんや？」

「それは、半期利益10億円の達成とコスト削減、それにみんなで力を合わせるという3つです。常務の言う指針を自分の言葉にしただけではあるんですが。」

「なるほど。常務に気を使っているということやな。でも、それをどう実践するのかは、部のみんなは腹落ちしてんのか？　あわせて、なんでそれをやるのかも理解しているやろか。」

　そう言われると、まったく自信がない自分がいた。それは目標を部長である自分が掲げ、その答えは後からみんなで考えるものだと思っていたからだった。

「僕らの時代は、戦略や方針は何でもよかった。頑張っていれば必ず利益が出た。後はどれだけ頑張るかだけやった。でも、今は、なんでそれをやるのか、それをどう実践するのか、示したらんと、皆が迷う。皆が迷う状態を放っておくと自然と心が離れていく時代になった。会社と自分は関係ない。目の前のことだけ頑張ろっていう感じかな。」
「そうなんです。あの判断をしてから、みんなが急によそよそしくなって、淡々と自分の与えられた任務をこなすだけになったと感じられるんです。」
「そうやろ。もっと言うと、その山田課長、君の判断に承知はしたやろうけど、何かを君に教えてもろうたという気持ちになったやろか。この判断を通じて、彼の部下に対して、どうして従ったのか説明できるのやろか。」

「方針だからということは伝えていたようでしたが。」
「ということは、思考停止しろってことやな。部下は、方針に従ってれば、考えんでええということを言わせているということやで。」

（なるほど。）

前田の言葉は、部長は何をすればよいかなどと抽象的に捉えようとしていた真司に、深く突き刺さった。

すべての判断は、自分で掴んだ具体的事実でするべきだ。みんなで考えると言うなら方針の言いっ放しで思考停止にしてはならない。手段のような方針を掲げるのではなく、なぜそれをするのか、それをどうするのかを明らかにして腹落ちをさせなければ、ますます自分たちでは考えなくなる。士気が落ちるのは当たり前ということか……。

真司は、それらのことができていない自分に愕然とするばかりだった。

第2章

外部統合でイノベーションを起こせ

1 イノベーションとは何か

私が営業部長に望むイノベーションとは、革新的な技術の発明や創造的破壊をイメージさせるようなものではありません。

もし、資本主義を前提とする社会で、そんなことばかりを目標にするなら、時に人々にとって大切なものを奪う破壊的な結果を招くことになりかねません。

そうではなく、私がここで言うイノベーションとは、**ちょっとしたアイディアや工夫の積み重ねによって生まれる「新たな価値」**を意味します。

例えば、年功序列や終身雇用、企業別労働組合やメインバンク制などは、すべて日本が生み出した「イノベーション」の一例と言えるでしょう。

実際イノベーションの父シュンペーターは、**新しい生産物や生産方法、販売先の開拓、組織の変更などを「イノベーション」と定義**しています。

また、少し前にベストセラーになった『イノベーションのジレンマ』（翔泳社）で知られるクリステンセンは、イノベーションには**創造的イノベーションと破壊的イノベーションの2つがある**と述べています。

この視点から改めて見渡してみると、日本人はレトルト食品やトヨタの看板方式、宅配便、リチウム電池の開発など、数えきれないほどの創造的イノベーションを生み出してきたことがわかります。

それまでの当たり前だった生活スタイルを大きく変更し、改良・改善させ、毎日の生活をより便利に住みやすいものへと変えてきたのです。

このように、私が考えるイノベーションとは、**アイディアと工夫の蓄積によって社会を活性化させる〝変化〟**のことを指します。

つまりそれは、小さな改善の積み重ねが新陳代謝を生み、世の中を活性化させるものと言えるのです。

Point - **6**

ちょっとした工夫や変更も、新陳代謝を促すものは立派な「イノベーション」と考えよう。

2 今こそ「外部統合」が必要だ

日本はまさに今、イノベーションが停滞し、新陳代謝が滞っている状況にあると感じています。ですから、さまざまなアイディアや工夫で**創造的イノベーション**を加速させないといけません。さもなければ、世界のスピードにどんどん置いていかれてしまいます。

例えば、高度経済成長を支えるために生み出された終身雇用（よほどのことがない限り解雇することはできない）という制度は、定年制や派遣制度（直接雇用せずに労働力を手に入れる）という仕組みによって、何とか新陳代謝を促してきました。

ところが、資本主義が進むにつれて年齢差別や格差社会の是非が問われ、労働力確保の観点からの後押しもあり、定年延長や同一労働同一賃金制など新陳代謝しない方向に振れ始めました。

ならばと、今こそ画期的な新しいアイディアや工夫が求められるところですが、それがなかなか生まれてきません。この状態が続くと、組織の活性化が大きく鈍り、経済大国にふさわしくない状況が生まれてしまいます。

こういった〝停滞〟が、組織だけに限らず、生産物、生産方法、販売先や消費者の開拓、供給源などあらゆるところで起こっているのが今の日本です。

これを、何とか解消しないといけません。


では、どうすれば新陳代謝が生まれて、世の中が活性化されるのでしょうか。

それは、**今自分が持っていない他所（よそ）の知識を持ってきて、それを導入したり、自分の知識と組み合わせることから生まれます。**

私は、それを〝**外部統合**〟という言葉で呼んでいます。

例えば、部員に紙の日報を毎日書かせている部長がいるとしましょう。

彼は、それを毎日読んで返事をしていました。これによって、部員の気持ちが理解でき、意味のある慣行だと思っていたからです。

しかし、この日報には難点があります。

それは、声の大きな人（アピール力の強い人）の気持ちはよくわかっても、声の小さな人、アピール力の低い人の気持ちはなかなか理解できないということです。そのうえ、部員全員のすべての行動を把握できるわけではない。そして何よりも、日報の閲覧と返事を書くことに時間が取られすぎて、自分が外に出かけて知識を収集してくる時間をそがれていることに気づきました。

そうしたときに、ある会社の営業部長が日報をすべて廃止し、部員の活動を分解してエクセルで管理し、組織全体の動きや個々の活動の善し悪しを把握しているという噂を聞きつけ、その実態を確認しに会いに行くことにしたのです。

すると、それを使って部の戦略を行動ベースで立てられるメリットがあることや、各人の行動をデータで把握し、具体的なアドバイスを行うことも可能になったと聞くことができました。

さらにそれらを実行するためのさまざまな実務的な勘所も学ぶことができ、導入にあたっての道しるべを得たのです。

そのうえで、自身が毎日日報を添削してきた経験を活かすために、週一回ですがアドバイスを口頭だけではなく文章でも返し、何度も見てもらえるようにして、その仕組みの実行に踏み切りました。

つまり彼は、今で言うＳＦＡ（営業支援ツール、セールス・フォース・オートメーション）を自分で構築したことになります。

こうして彼は、どう人を動かしたらいいかという経験的な知識と、他所から教わったデータを活用した合理的な方法を融合させ、当時としては画期的なイノベーションを成し遂げたことになります。

以上の例は、彼にとってもよし（分析能力と他の仕事をする時間を創出できた）、部員にとってもよし（平等にアドバイスがもらえ自分の行動を見直せる）、会社にとってもよし（それによって業績の向上につながった）の仕組み作りにつながったのです。

一連の中で大事なことは、損害を被っている人が誰もいない点にあります。

その仕事に関わったみんながよくなる、ためになることこそが良質なイノベーションであり、私たち日本人がとても取り組みやすく、心地よく感じる新陳代謝と言えるのではないでしょうか。逆に言えば、誰かが泣くような仕事はダメだということです。

大切なことは、次に挙げるような気づきや考え、行動にあります。

・一生懸命やっていることから生まれる疑問
・長く染みついた習慣に非合理性を感じる
・まったく違う知識への思い切ったアプローチ
・よいと判断したことを素直に取り入れる決断
・長年の慣行に対する潔い変更
・みんなが助かりよくなる方法を考えること
・それを定着させるために工夫すること

きっと皆さんにも、日々疑問に思いつつも、習慣的に行ってきたことに慣れ、改善・改革する意欲を埋没させてしまっている物事が多々あるはずです。

ぜひその思いや気づきを大事にして、よりよい状態へ変えていくエネルギーを奮い立たせて欲しいと思うのです。

「まぁいいか」と諦めてしまったら、いつまで経っても現状の停滞を打破することはできないのですから。

Point - 7

目の前のことを一生懸命やっているか。そこから生まれる疑問がイノベーションを生む鍵。「まぁいいか」からは何も生まれない。

3 なぜ営業部長に「外部統合」が求められるのか

なぜ私がここで、イノベーションの話をしたのか。

そのことと営業部長の働きにはどんな関係があるのか。


先に私は、日本の企業では小隊長である課長が、自分の組織を内部統制的にしっかり磨いているからこそ〝強い〟と述べました。

会社の利益が右肩上がりで拡大傾向のときは、部長がその課長を助ける役割を担っていればよいでしょう。

しかし、時代が大きく変化し、その度合いが激しくなっているとき、部長が課長を助ける立場でいたのでは立ち行かなくなるのが現実です。

自分たちなりのあり方や目標を問われるようになったとき、その内部統制的なよさを残しながらも、変化に対応しつつ自分たちのユニークさを築いていくことが求められます。

そのためにはどうしても、外にある優れた知識を取り入れて、自分たちの軸を作り上げていくことが必要になります。

その軸を考え、何をするかを決めるのは、社長をはじめ経営陣、すなわち役員の仕事かもしれません。

しかしそのために必要な**有意で優れた知識を仕入れてくるのは、まさに部長の役割**です。

そう考えるのが、最も合理的で効果的だからです。

外の知識を持ってくるような社外活動は、ある程度社内のことや世の中のことがわかり、その会社で実績を積んでいて、かつ権限も有している必要があります。

つまり、部長が適任というわけです。

しかも、部長の中でも、社業の先頭に立っていて（セールスという概念を捨て、ビジネスメイキングこそが使命と思っている)、外に出かけて行き、外の人をよく知る営業部長こそが、その一番の適任者だと言えるのです。

Point - 8

会社の内も外も知り、実績も権限も有する営業部長こそが、外にある優れた知識を取り入れる立場として一番の適任者だ。

4 まずは社内の問題点を把握せよ

では、営業部長には実際にどんな活動が望まれるのか見ていきましょう。

まず、外部の知識（情報やノウハウ）を取りに行くと言っても、そもそも社内にどんな疑問があり、解決しなければならない問題があるのかを、しっかり把握していなければなりません。

最初に取り組むべきは、自部署のことや個人的なことの把握です。**自部署や個人が、どうしてこうなっているんだろうかという「問いかけ」を持つことから始めます。**

最初は手短なところで、これまで当たり前として掲げていた「利益拡大」「社業拡大」といった目標に対しての問いかけでも構いません。できれば自部署や自分のあり方、やりたいことなどの「思い」に対して、「**どうして今できていないのか**」という点について把握することが望ましいでしょう。

自身の中にそうした明確な「問い」が持てたら、早速それに答えてくれそうな人や組織に会いに行きます。

自分の人脈の中から探せるならそれに越したことはありませんが、それができなければ、今まで疎遠にしていた学校の先輩や同級生などをあたってみるのもよし、知人に紹介してもらうのもよし、目星をつけて思い切ってアポを取って行ってみるのもいいでしょう。

大切なことは、**解決してくれそうな人に面と向かって会うこと**です。

例えば会いに行きやすいからといって、役職はあるが力量のない人に会いに行くなどは意味がありません。

もし幸運にも、その「問いかけ」に答えてくれそうな力のある人に会えることになったら、**会う前に必ず「質問」を整理しておきましょう。**その質問が的を射ていないと、せっかくの訪問がこれまた無駄足になってしまいます。

徹底的に考えてきた質問をして、答えが得られなかったとなれば、その人ではなく他を当たるという決断がすぐにできます。しかしそうでなければ、答えを得られたのか得られなかったのかがわからないといった中途半端の状態のままだと、こちらで解を想像することが多くなってしまいます。

要するに、あらかじめ自分が持っていたこちらの知識だけで答えに結びつけてしまうことになってしまうのです。これは、避けたいところです。

そして、そうか、そういうことだったのかという真理を引き出せたとしたなら、今度は具体的に、それを自分や自組織で実行するにはどうすればよいのかを考えていきます。

このときに大事なのは、**5W3H（いつ、どこで、誰が、何を、なぜ、どのように、どれくらい、いくらかけて）**を明確にするということです。

せっかく手にした知識も、実際に活かさないと何も生まれません。実行するときには、上司や周りの関係部署の理解が必要ですので、納得してもらえるよう心を砕いて説明してください。

それこそが、すべての人が喜ぶイノベーションそのものだからです。

このようにして、自分の「問い」に対して、外部の知識にある真理を自分や自部署の活動に活かせるようになったら、**今度は自社の疑問や自社の〝軸〟への「問いかけ」に答えてくれる人に会いに行きます。**

さらに、自分で立てた仮説を解決するために、M&Aや提携先を見つけたり、新たな仕入れ先（会社に役立つ弁護士、経理士など士業を含む）の開拓をしたり、またスカウトしたい人材に非公式に会いに行ったりすることもできれば、なおよいでしょう。

このように、外部統合における営業部長の役割は、非常に多岐にわたります。

役員が動くと、その会社の決定事項と捉えられ、会社の意志のように受け取られてしまいます。しかし部長の段階では、可能な限りの〝選択肢を広げる活動〟と捉えられます。

つまり**営業部長のポジションは、相手を信頼させ、交渉に足る相手とみなしてくれるちょうどよい地位**にあたるのです。

Point - 9

自身や自社への「どうしてこうなっているんだろうか」という強い「問いかけ」を持ち、その答え（真理）を外部に求めよう。

5 会社一丸となれる素地を作れ

営業部長が積極的にいい外部統合を行うためにする活動は、社内にもいい影響を及ぼします。社内の目線、すなわちアスピレーション（企業の志）を上げることにつながるからです。

コロナ禍を経て、日本の企業の多くが内向きになりました。目線も下がっているでしょう。

今この瞬間をまず乗り切ることが大事、先のことより今を優先、投資は当面お預けで経費を削減することを考えるなど、世界と戦うとか、ユニークで抜きん出た存在になるとかそんな野望に近いことは後回しにしてきました。

こうした後ろ向きな姿勢は、会社にとってよくないことはもちろんのこと、日本全体にとっても大きな痛手です。

昨今では物価や人件費の上昇で、与えられた環境は厳しいものだらけと言えます。

しかし、こんなときだからこそ、目線を高くして、実力を養うことが大切です。

そのことを思い出させて返してくれるのが、まさにこの、営業部長の積極的な外部統合にかけるエネルギーなのです。

積極的に外に打って出ることによって社内の落ち込んでいる雰囲気を払拭する。そして、気持ちを前向きにして、もう一度会社一丸となれる素地を作る。

これもまた、営業部長の大切な役割なのです。

Point - 10

営業部長の積極的な外部統合で、全社の目線を高くしよう。沈んでいる空気を払拭しよう。

6

〝社交〟と〝外部統合〟との違い

私の研修の中で外部統合の実践を宿題に出すと、自分自身への〝問いかけ〟を明確にしないまま、役職が高い人のところになんとなく会いに行く人が散見されます。発表のときも、「私はこんな人に会いました」と自慢話のように始めてしまうのです。

これは、人と会うことで情報を得ることが大事だった時代の「社交」であり、「外部統合」ではありません。

外部統合は、あくまで自分自身への〝問いかけ〟に対する知識の取得や、その取得した知識から立てた仮説を解決する手段を得るためのものです。

それは社交的なものではなく、立派な業務のひとつです。

仮に社会的なポジションが高い人と会っても、特に我々の世代では、神輿(みこし)を担ぐのが得意で偉くなった人もたくさんいます。

ポジションが高いからと言って、必ずしも豊富な知識や今の時代に役立つ具体的な経験があるとは限りません。

そのうえ、質問すべきことが明確でなければ、当然得られる情報も大したものにはなりません。これではせっかくの面会時間が無駄なものとなってしまいます。

確かに、自分の人脈を広げるにはそうした社交は有効かもしれません。

SNSが広がり、緩い人脈の重要性が問われている今、H型人間（ある集団と社内ネットワークのハブの存在、ある集団からの依頼はすべてその人を通じて入るので存在価値が高まる）になるために、顔を売っているんだと言われれば、それはそれで立派な業務かもしれません。

しかし、しょせんはそれまでのこと。私の意図する「イノベーションを起こすための外部統合」とは別の目的であると言わざるを得ません。

私が、ここで言いたかったのは、社交や関係資産構築の作業と外部統合とは違うということです。

今、我々の習慣の中で欠けているのは、外部統合の考え方だからです。

今までは、内だけを向いて、利益最大化のために必死で頑張ってきました。

確かに、そのために、社外の人と交遊したりといったこともあったかもしれません。

ただ、さまざまなステークホルダーを巻き込み、自分たちのあり方を際立たせ、やりたいことをやるために、必要となる知識を探したり、関係者の納得を引き出したりすることはありませんでした。

今は、我々はそれをやらなければなりません。

単純に他社に勝つ、成長を引き出す、資本の最大化を目指すという方法だけでは、自社の持続的な存在価値は勝ち取れなくなったからです。

とりわけ、成熟期に差しかかっている企業にとってやらねばならない他社との差別化や生産性の向上（すなわちイノベーション）を、民主主義的な方法で獲得していこうとすれば、営業部長の熟練した交渉力が極めて重要になります。

このことを強く認識して欲しいのです。

繰り返しますが、ポジションの高い人に会うこと自体が目的化していてはダメです。外部統合とは、自分の〝問い〟に対する知識を取得し、解決策を得るための手段なのですから。

Point - 11

人脈を広げる（H型人間になる）ことと外部統合とは分けて考えよう。

7

営業部長は「大課長」になってはいけない

営業課長から営業部長になった人は、きっと営業課長時代に大変な努力をされてきたことでしょう。

なかには、たまたま営業数字がよかっただけとか、運がよかったんだとか、謙遜される人もいるかもしれません。

とはいえその多くは、きっとご自身の組織（課）をピカピカに磨いてこられたのではないでしょうか。

そのピカピカにするという行為の中身は、絶対に結果を出す（目標を達成する）ということと、プロセスを充実させる（組織パフォーマンスを最大化する）ということ、さらに、ルールを守る（法の順守及び会社や組織の方針を絶対化する）ということに裏打ちされているはずです。

そのうえで、現状がどうなっているか（組織や社員のモニタリング化）に目を光らせ、どうやればパフォーマンスが上がるか（ベストパフォーマーの要素抽出）を考え抜き、部署内や関係者が何をすれば力を出しやすくなるかを取り決め（皆が働きやすい環境整備）、実際にメンバーを導く（Leading や Coaching）、いわゆる現場活性化のＰＤＣＡを限りなく高速に回してきたことでしょう。

もし、そこまではやっていないよと言う営業部長なら、私がこの書で提唱している営業部長の仕事をやりつつ、ご自身の部下（課長）には、このようなピカピカの課を作らせなければなりません。

その方法については、後段で述べるとして、ここでは、それらの「課長としての仕事」からの脱却の仕方について述べていきたいと思います。

多くの営業部長は、それまで営業課長の仕事を頑張ってきた人に限って、「課長の仕事」から脱却できないでいる傾向にあります。それは、ここまで書いてきたような仕事を深掘りして、**大課長**（課長のお化け化）として君臨してしまう人です。

月間での目標達成に必死になっていた人は、もっとそれを確実にするために週間での管理方法はないかと模索し、把握する市場を細かく細分化したり、営業プロセスを分けてどんなことが行われているかなど管理する項目を増やしたり、課長を助けようとしてそれぞれの方針に部下がどの程度沿おうとしているかなどのルールや方針の徹底にやけに細かくなったりと、今まで以上に視点を細かくして管理しようとしてしまいがちです。

これでは、メンバーはたまったものではありません。

今まで以上に厳しく管理されたら、息が詰まってしまいます。

反対に、今までの業務を、今までのポジション、つまり課長に丸投げして、自分は何もしないという人もいます。

あえて言えば、課長が厳しくやる分、なだめ役と言いましょうか、フォローに徹するというわけです。

これでは、前にも述べましたように、何をやっても成功する高度経済成長のときならまだしも、今の時代、何のためにその役職についたかわかりません。

こうした部長は本書では言語道断として、今は議論しないでおきましょう。


さて、前述の大課長への処方箋ですが、やって欲しいことは、管理の細分化ではなく、その逆の、**統合化**です。

つまり、課長が月間での目標を追うなら、自分はクオーターや年間、もしくは3か年での目標を達成するためには何をするべきかを考えて欲しいのです。


また、課長が、自組織のパフォーマンスの最大化を考えるなら、部長は、自部署だけではなく関連部署を含めてのパフォーマンスの最大化を考える。

また、課長が部の方針の徹底を図ってくれているなら、全社の方針や業界動向を受けた事業の方針など、もっと幅広い視野でルールの徹底を図るのです。

さらに、今すぐに解決しなければならない問題の解決も、できるだけ課長に任せて、部長は、自らの意思を込めなければ問題化しない「組織の課題」に着手するべきでしょう。

実は、これこそが差別化や生産性を上げるということにつながる鍵になります。

具体的に言えば、商品やサービスのブランド化をどうするかや、品質をいかに押し上げるか、価格や原価をいかに下げるか、また販売力や流通チャネルをどうするかといったことを考え、差別化に貢献します。

生産性を上げるという観点では、投資による生産手段の増加や、教育で人材の質を上げる、資源の再配分で効率を上げたり、技術革新や仕組みの導入でイノベーションを起こしたり、モチベーションや部内のコミュニケーションをいかに活性化させるかなどでしょう。

それらの**ある程度長期的に解決しなければならないことを、意思を込めて、課題と**

して設定し、解決の方向へ動いていきます。

課長の権限では動きづらいことに切り込んでいくわけです。

もっとも、優秀だった課長ほど、目の前の短期的なことに必死で対応する姿勢が身についているはずです。

部長になったら、意を決して長期的な課題に取り組む姿勢に切り替えることが必要です。

Point - 12

部長の仕事は、仕事の細分化より統合化、視野を広くすることと心得よう。さらに、問題解決より、課題提起を心がけよう。

8 不測の事態には、真っ先に対応する

これまで述べたように、部長は長期的な課題に、課長は短期的な仕事をこなすようにすることが大切です。

とはいえ、どうしても課長では手に負えないような商談や問題が突然目の前に出てきた場合は、対処方法が異なります。

こういう不測の事態には、**部長であるあなたが、間髪を入れずに解決するようにしてください。**

まずは課長にやらせてみた方が力がつくとか、せっかく課長がやろうとしているのだから顔を潰してはいけないなどと考えるのは、あくまで組織側の論理にすぎません。

営業部で一番力のあるのは誰でしょうか。普通であれば、部長であるあなたのは

ずです。

一番力のあるあなたが、まず最初に、すぐさま対応することこそ、問題を最小限に抑える近道です。顧客や取引先も、不測の事態に対する対応として納得するのに最も近道な行為でしょう。

ですから、そこの対応は迷わないことです。

「自分のやるべきことは課題提起であって、問題解決は課長に任せてある」といった考え方を持つ人もいるかもしれません。

それも一理ありますが、それはあくまで平時のことであり、もし不測の事態が起こり、臨戦態勢に入ったら、迷わず行動する。それが鉄則です。

Point - 13

もし課長で解決できない不測の事態が起こったなら、何を置いてもあなたがすぐに行動する。それが鉄則だ。

9 すぐさま「課長の仕事」を脱却する準備

当然ですが、営業部長の仕事は、営業課長の仕事を含んでいます。

そうは言っても、課長の代わりに出ていくとすれば、先にあげた「不測の事態」くらいでしょう。

課長時代と同じような仕事したり、それをさらに細分化したかのような仕事をしていたのでは、組織としてあまりにも効率が悪く、生産性を落とすばかりです。

ですから、ご自身がやっていたような課長の仕事を完全にバトンタッチできるような後継者（課長）を育てたうえで、あなた（部長）は、できるだけ広い視野でご自身の仕事を広げていくことが望まれます。

とりわけ、**内部をピカピカにするという使命を果たさないといけない〝課長のとき**

にできなかった外部統合的な仕事〟こそが、営業部長の仕事の本質です。

もしあなたがまだ課長なら、今のうちに準備しておきましょう。

いつ部長になれと命じられてもいいように、自分の仕事を見える化（定義）し、次に課長に命じられた人が自分が何を望んでいるかをすぐに理解できるようにしておくことです。

そして、部長に命じられたときのために、今はできていないが「必ずこれをやろう」といった課題を常に携えておくのです。

晴れて部長になってからは、後ろを振り返らず、走り出します。

そして今度は、自分が役員になったら何をするかを考えるくらいの心の余裕を持てたら理想的です。

また、部長としての後任が困らないように、ご自身の仕事を見える化しておくなどの配慮も欲しいところです。「大きな視野で仕事に取り組んだときは、こういうことが大事になるぞ」ということをまとめておくのです。

こうした覚悟を持ち、日々その習慣化にまい進するなら、すぐに「課長の仕事」からは脱却できるはずです。

Point - 14

課長時代とは同じ仕事をしない。役員になったらどうするかを考えることで過去から脱却しよう。

「営業部長・寺山真司の奮闘記」

真司は、あることでとても悩んでいた。

「このままではE社の商談をF社に取られてしまう……。何とかしなければ……。」

E社は、エンジニアリング大手でゴミ処理のプラントを造っている。そのE社が、政府と協力して東日本大震災で被害を受けた福島県に、全国の災害廃棄物処理を一手に引き受ける一大プラントを造ろうというのだ。

地球温暖化がもたらす異常気象で、全国各地に広がる災害の数は増えているが、そこから出る廃棄物を処理するのは今のところ自治体任せで、どこも非常に苦労している。それをまとめて処理しようという夢のような話であった。そうなれば、今まで風評被害で落ち込んでいる福島県の経済も活気づくし、新しい雇用も生まれることは間違いなかった。

もちろん、その建設はゼネコン大手が引き受けるが、そこに使う資材の多くは鉄で、耐火に加えて、どうCO_2を出さないかなどE社に対しての技術協力が求められる。F社は、その点において優れていた。

「わが社は、鉄を造る時点でのCO_2を抑える技術は、F社に先駆けているんだ。なんでこのプロジェクトで後塵を拝することがあるんだ。君、このプロジェクトの意味をよく理解しているだろうね。」

確かに、国をあげてのプロジェクトに参加できるかどうかは大きい。たとえ協力という形であっても、災害の処理、CO_2の排出、自治体との協力など、持続可能な世界を造ろうという輪の中に選ばれるかどうかは、これからの世界の中で選ばれる存在になれるかどうかといった、大きな試金石にもなる。そんな事情は百も承知だが、営業の遅れは如何ともしがたい。

真司は、常務から強く叱責されたところだった。

もちろん、CO_2排出を抑制する技術ではわが社の方が先んじていることは、E社も発注を受けるだろうゼネコンもよく理解してくれている。でも、それを説明するだけでは、E社もゼネコンも反応は鈍い。そう、何かが足らないのだ。

真司は、E社の担当に思い切って聞いてみた。

「貴社が、F社に傾いておられる理由はなんでしょうか。」

「最終的には、ゼネコンが決めることですが、相談はきます。F社の方が貴社より大きいし、今までの実績があるということ以外、別に理由はないですよ。貴社だって、タンクにパイプ、世界中で素晴らしい実績を持っておられることはよく理解しています。」

「では、まだうちに決めていただける可能性もあるわけですね。」

「もちろんまだ何も決まっていません。何度も言いますが、貴社への発注はゼネコンが決めます。ただ、どんな設備を造るべきかについての話し合いに頻繁に呼ばれているのはF社さんだということでしょうか。」

真司は、完全に後れを取ってしまっていた。

わが社は、今まで、研究開発から生み出される技術を磨くことに命を懸けてきた。規模でF社に後れを取っている現状では、高品質の製品をいかに生み出すか、そこに懸けることが生き残っていくには最も大事なことであることは明白だった。

営業は、顧客に、その開発部隊と工場が作り出したもののよさをいかに理解させ、顧客がこれこそ自分が望んでいるものだと思わせるか、そして発注条件の設定で、価格をいかに抑えられるかが仕事だった。

営業部長である真司は、部下である営業部員が上げてくる案件の最終的な取引条件を決める（判断する）ことと、部の業績を左右するような大きな商談の進捗に関わりながら、指示を出すことが1日の業務のほとんどを占めている。

さらに常務や役員会への報告、部下の評価や人事のこと、突発的にやってくるクレーム処理や訴訟に関わることなど、時期によっては「忙殺」という言葉がぴったりのような働き方をせざるを得ない場合もある。どんな設備を造ったらよいかなどという知識は、正直頭の中にはないのが現実だった。

「今から、そんな知識を身につけて間に合うのだろうか。」

　真司は、煩悶としながら、また前田を頼ることにした。

「前田さん、うちは鉄屋です。こんな設備にはこんな鉄がいいということはお話できますが、どんな設備を造ったらいいかなんてよくわからないんです。」

「そやなぁ、わしもそんな難しいことはわからんが、話を聞いていてひとつ感じたのは、君のところの営業は一直線すぎるってことやな。昔みたいに、どこもが鉄が欲しくて仕方がない時代やったらそれでええやろ。でも、今は、いろんな条件が絡みよる。自分ところと相手だけの話やないのが今やってことや。」

「ということは、E社やゼネコンだけを相手にしていたらダメということですか。」

「相変わらず、勘だけはええな。そや、そういうこっちゃ。」

「自治体や政府とも話をしないといけないということですね。」

「それもようわからんけど、今の時代、自社だけが儲けて成長しようとしたら反発を受ける。そやかて、分配ばかり気にかけるわけにもいかん。

ちゃんと利益を出さんと会社が潰れよる。」

「そうですね、難しい時代になりました。」

「そや、だからこそ、みんなの納得というのがいる。」

「納得ですか。」

「よう考えてみ。みんなの納得があった方が、その後の頑張りもきくんと違うか。」

「モチベーションが上がった方が、生産性もよくなるというわけですね。」

「そんなことをみんな肌で感じとる。F社が、どんな話をしとるかしらんけど、話し合いを重ねるうちに、その真ん中におるということはあるわな。そしたら、そこに居てもうた方が落ち着きがええ。」

「なるほど。」

「君が実質的に遅れとるのは、その安生（あんじょう）の中におらんということやな。わかるか。」

「安生ですか。」

「確かに、自社の技術力を高めることは重要や。そのために、他社に教えてもろたり、学者と相談したり、そんなことは昔はみんなやっとった。だから、日本は成長したんや。」

「イノベーションのために、外部に行くって話ですね。」

「そやかて、ビジネスしていくのに本当に大事なんは、いろんな奴の気持ち、立場をまとめる、統合してやるということやと思う。そんで、みんなが安生になることこそがビジネスやと思う。それが、君はできとるか、君の会社はできとるかということや。」


確かに、今まで商談を取ること、つまりどのプロジェクトにいかに食い込むかばかりを考えていた。

政府が、また自治体がなぜそれをやろうと考えたかや、それをやることで住民がどんな得や損を被るのかなど考えたこともなかった。

事は、ゴミ処理、まともに考えるならみなが嫌う仕事だ。他のビジネスより納得がいるのは明白だ。


「ということは、まずは、関係者の多くの感情に真摯に向き合った方がいいということですね。」

「難しいで。でも、君んところに欠けとるんは、そんな姿勢とちゃうか。設備っちゅうのは、技術的なことだけやのうて、どんな気持ちがこもった設備かということも忘れたらあかんのんちゃうかな。そこをもし掴んだら、技術的なことは、君んところのええ技術者がちゃんとやってくれるはずや。」

真司は、少し前の社内の研修で、日本の会社はイノベーションが必須で、そのためには外部統合をして社外からの知識を持ってくること、その先頭に立つのが営業部長だと習ったところだった。

しかし、今、前田の話を聞いて、こんな感情を統合するような形、もしくは仕組みを作ることも、営業部長の仕事、新たなイノベーションだという気がしてきた。

うまくは説明できないが、今までの企業のベクトルを変える。自社の利益をまず上げることを考えるよりも、周りの利益や気持ちを優先することで、自社の面目が立つ、引いては自社の利益を生むということなのだろう。

はやりの言葉で言うと、資本主義と社会主義の狭間に立つ民主主義の先頭に立つということか。

今から商談的には追いつけないかもしれないが、これからの自分のやるべきことに一筋の光明が見えたような気がした。

営業部長は、課長の延長線上だけではないのだ。「今までのようなルーティーン仕事に忙殺された毎日から抜け出さなければ……」といった焦りが、心の中にふつふつと滲み出てくるのだった。


「もし、君が今から後れを取り戻したいなら、まずは、こっちが教えてあげられること、役に立つことを整理するところからやな。それができたら、ギブギブギブで輪の中に入る。先に、信頼を勝ち取るってことや。」

「前田さんが前に仰っていた、『信頼は、能力と一貫性に支えられてる』ってことですね。F社がまだ持っていないような最大限の専門知識を彼らの前でもギブし続けるそんな大きな一貫性が大事だって仰っているんですよね。」

「そや。挽回しようと思うたら、それくらいせなあかん。」

「でも、そんな知識を今から習得できるでしょうか。」

「そこに、君が言う『外部の知識を統合する』というやり方を使わなあかんのんとちゃうか。

それには、まず、なんでこうなっとるのかという疑問に対する問いを整理して、謎解きになるような質問を考える。

そんで、それを答えてくれそうな一番力のある奴に思い切って会いに行くことや。社内でも社外でも一番力のある奴やで。

そこで、なるほどとなったら、ほなこうしようかという仮説を立ててみる。

君の立場やったら、最も信頼のおける技術部門と相談して、それが本当にでけるかどうか確かめられるやろ。それが君の知識になる。」

「なるほど。」

「ええか。知識は掛け算で増えて行く。ぐずぐずしてんとすぐに取りかかるこっちゃ。まだまだ、諦めたらあかんで。」

不思議なことに、教えている前田の目も輝いていた。

独自の方法を話しているときはいつもそうだが、イノベーションとは、そんな気づきや工夫の積み重ねだということを、なんとなく教えられたような気がした。そして、人の心も熱くするものだとも……。

この心の灯を消すわけにはいかない。真司はそう誓うのだった。

第3章

共感を生む営業戦略・戦術の作り方

1

営業戦略は、あなたの「思い」がすべて

「戦略」とは何でしょうか。

戦略とは、ある目的を達成するために、長期的視点を持ち、目的達成を妨げそうなさまざまな要素を考え抜き、自身や自社の資産をどう使うかを科学したものです。問題解決のために取る〝最も適正と考えられる手順〟とも言えるでしょう。

では「営業戦略」とは何でしょうか。

営業戦略は、そもそも営業の目的を「セールス」と捉えるか、「ビジネス」と捉えるかで、まったく別のものになります。

セールスが目的なら、戦略は**「月間や年間でいくらの売上目標を達成するために、**

何をすればよいかを順序立てて明示したもの」になります。

一方ビジネスが目的なら、「**自分がやりたいこと、また本来あるべき姿に到達するために、何をすればよいかを順序立てて明示したもの**」ということになります。

私は、今の時代、後者を科学することを推進すべきと考えています。

しかし多くの営業部長の人は、慣習として前者を志向させられていることが多いうえ、あるべき手順を踏んだ「科学的」と言えるような示し方ができていないと感じています。

また、営業戦略の〝使い方〟も明確でないはケースが少なくありません。

私が、研修で訪問している大手企業の営業部長も、営業戦略を次のように使われている人が少なくありません。

・組織全体の「方針」のように使っている
・部員のモチベーションを上げるためだけに使っている

・はやりの言葉を羅列することで自組織が世間から後れを取っていないかのように示そうとしている
・自組織の運営が社長方針とずれていないことをアピールするために、社長の言葉をそのまま（あるいは近い言葉で）引用している

私が考えるに、営業活動の目的が利益や規模拡大に統一されていた時代の名残が、いまだにそこかしこで残っているのだろうということです。

営業の「目的」は皆なんとなくわかっていますし、他社も他組織も目的が同じなので、その時々の空気を読んで、一番しっくりくる言葉を選んできただけになっていないでしょうか。


かつてのよい時代には、このようにすべてが「場当たり的」でも事が済んでいたと言えるでしょう。

だからこそ、臨機応変で人間的余裕があり、神輿を担がれるのに最適な標語を作り出せる人が出世をする傾向にありました。

日本の組織で、上に行けば行くほど、「とんがっていない」人、多くの人をまとめる（丸め込む）ことができる人が選出されてきた理由は、そこにあります。

ところが今の時代、単に右上がりの数字目標を設定しても、達成が難しくなってきました。

部員たちは、戦略の〝本来の目的〟に立ち返ったうえで、どうすれば数字目標を達成できるかを示して欲しいのに、営業部長にはその力がない。その通りやっても成果が上がらない。そういったジレンマに陥っています。

だからこそですが、今まで、自分たちの気持ちを代弁してくれていた標語も、その場をごまかしているように空々しく感じられるようになってきました。

そうであるとしたら、**本来我々が何を目指すべきなのか、営業部のあり方、あるべき姿を示し、それに到達できるような手順を示すべき**でしょう。

「社内調整」や「社長方針」を言い訳に責任を回避し、責任を取る覚悟が感じられない部長の姿勢を見せられているとしたら、あなたの部下はがっかりしているはずです。

このままでは、どんどん部員のやる気が失せてくるだけです。

実際、、自分と組織が乖離していくような気がする、あるいは「場当たり的」な方針提示に心が折れそうになるといった営業部長の声を、私自身が聞くことも少なくありません。

話を整理しましょう。

かつての営業戦略は、短期的なセールスの目標をどう達成するのか、その手順を示すものでした

しかしこれからは、自社または自組織のビジネスのあり方・あるべき姿を示すものとして打ち出すことが求められます。

どんなビジネスをしたいのか、それをどう成し遂げるのか、その方法を部員が理解できるように、できれば共感し、腹落ちし、やる気が起きて、しかも、その方針に信頼が集まるように明示されたものと定義します。

もはやセールスの数字（つまり達成目標）も、営業戦略を成し遂げるための〝手段〟と捉えるべきでしょう。

したがってこれからの営業部長は、上（会社）から数字の達成を強要されたら、きちんと疑問を提示しないといけません。

どうしてその数字を達成すべきなのか、その数字を達成すれば自社や自組織がどうなるのかを今一度考えてから、その数字を受けるか受けないかを判断するのです。上から降りてきた数字を、ヒラメのように盲目的に受けるのではなく、数字や指示の意味、その価値を理解したうえで引き受ける。受けた限りは、何としても達成する。そうあって欲しいのです。

大事なことなので、改めて繰り返します。

営業部長であるあなたは、営業戦略を考えるにあたり、**あなたのビジネスは何なのか、何がやりたいのかを徹底的に考え、それを成し遂げるためにどういう手を打っ**

ていくのか、しっかり煮詰めるようにしましょう。

数字やプロセスの改善が必要であればそれらに手をつけ、ルールを守らせることが必要なら断固とした態度を取る（指針を曲げない）など、いずれも部員にしっかり腹落ちさせることです。

成長のために誰かを犠牲にするような高圧的な態度を示すことがあってはいけませんし、組織維持の圧力に屈して弱きに流されないことも大切です。

皆の納得を引き出し、最も生産性が高いかたちで目標達成を成し遂げるためには何が必要か。そのことを考え抜き、その手立てを決めることです。

それこそが、今、皆に望まれている営業戦略だからです。

Point - 15

これからの営業戦略は、自身や自社のビジネスのあり方を成し遂げるために、その手順を科学したものと心得よう。場当たり的な対応は、しない、させない、受け入れない。

2 部下が共感する営業戦略の作り方

では、部下が共感する営業戦略はどのように作ったらいいのでしょうか。
どうすれば「場当たり的」だと非難されないものになるのでしょうか。
それをひとつずつ紐解いていきましょう。

まずは、**あなたがどんなビジネスをしたいのか**を考えます。
自組織がどんなビジネスをしている組織でありたいのか、その「あり方」を描いてみましょう。

このときに注意したいのが〝問いの内容〟です。
問われているのは「どんなビジネスをしたいのか」であって、「どのようにビジネスをしたいのか」ではありません。

つまり問うているのはWHATであって、HOWではない点に注意してください。

営業の目的を「セールス」と捉え、売上目標に対して何をすればよいかを考えるのであれば、HOWが議論の中心になります。

顧客とのコミュニケーションを大切にするとか、課長（リーダー）がまず率先して顧客にアプローチするとか、「どのようにして目標を達成するか」の〝手段〟を中心に考えることになるわけです。


しかし今求められているのは、**営業の目的は「ビジネスメイキング」をすることであり、そのために何をするかという話**です。

例えば新製品の拡販とか、差別化商品であった○○の再拡充とか、○○と△△のトータルパッケージに10億円をかけるとか、あなたが作り出すビジネスは何かを鮮明にし、それを戦略の旗頭として欲しいのです。

この旗頭こそ、あなたの人間性や個性を示すものであり、あなたの「思い」の中心になります。

多くの営業部長は、これを明確にすることができません。

今までＨＯＷを考える訓練は山のようにしてきたでしょう。

人が決めたＷＨＡＴ（何を売るか、何をやるか）に対して、常にＨＯＷ（どのように売るか）を考えてきたはずです。

しかし、何をするのか、そのＷＨＡＴを自ら決めた経験がない（あるいはその経験が極めて少ない）。

だからこそ、多くの不安がよぎります。

そもそもそんなことを自分がしていいのか。

それは上がすることで自分がすることではない。

責任も取れない。覚悟もない。

そう言って、どうしてもＨＯＷから抜け出せない人が非常に多いのです。

しかし、このWHAT、すなわち**何をするかを決めることこそが、本来のあなたの会社が織りなす〝ビジネス〟そのもののはず**です。

そしてそのビジネスのど真ん中に、あるいは先頭を切って市場と向き合っているのが、営業部であり、営業部長のはずです。

市場をよく見て、自分たちの実力を知り、ライバルの状況を分析し、自分たちに何かできることはないかと探すこと。そして何をするかを決めること。

その責任にビビるようでは、イノベーションの先頭に立つどころではありません。このままでは、分業の端の方で存在価値をなくし、会社のお荷物扱いされていくことになります。

ですから、ここは訓練です。

自分はどんなビジネスの先頭に立ちたいのか、また立つべきなのか、立つことができるのかをよくよく考えてみましょう。

そして、そのあなたの「思い」を、ぜひ営業戦略の中心に据えてください。

Point - 16

営業戦略を作ろうと思ったら、まず自分の「思い」を決める。自分は、どんなビジネスをしたいのか。ＨＯＷではなくＷＨＡＴこそが戦略の始まりだ。

3 思いを実現する「ストーリー」を描け

間違ってはいけないのは、あなたの「思い」は、そのときの状況によって決めるものであり、普遍的なものではないということです。

営業戦略は、一度掲げたら何年も変えてはならない、といったものではありません。

多くの場合は、状況の変化によってむしろ変えていくべきです。

ですから、思い切って決めていいのだと開き直って考えましょう。

そして、その「思い」が決まったら、そこからが勝負です。

その「思い」を部員や関係者に伝える際に、共感してもらい、どうしてそう考えるのか、腹落ちしてもらわないといけないからです。

そのためにも、あなたの感情（情緒）をたっぷり入れ込むようにして伝える必要があります。

人の共感は、「それは自分の感覚と同じだ」「自分も何となく思っていたことだ」といった、同調意識によって生まれます。

極めて感覚的なものですから、いくら論理的に正しくても、感情がこもらない論理には、人は共感しません。

つまり、

あなたの生き方に根差し、強い決意が感じられ、コミットメントがあること。

社会から賛同が得られ、尊敬も得られること。

しがらみを解いて、高見を目指し、明るい未来を描いていること。

そして何よりもワクワクすること。

そんな感情のこもった内容が望ましいでしょう。

さらに、それをどうやって成し遂げていくのか、その**実践ストーリー**を練る必要があります。

人はそのストーリーから感じる現実性、可能性、つまり、「**なるほどそれならできるかもしれない**」と思うことで、はじめてその人に信頼を寄せます。

ここは慎重に、論理的にストーリーを作るべきでしょう。

人の腹落ちは、前述の共感と、この信頼によって完成します。

だからこそ、できるだけ具体的に、順序立てて、納得を得られるように言葉にする。そんな努力が必要になります。

Point - 17

自分の「思い」は、そこに至る経緯（感情）と実現ストーリー（具体性）がセット。「思い」は人の共感と信頼を得るためのものだ。

4 戦略を構成する3つの武器

ここまで読んでお気づきの人も多いかもしれませんが、ビジネス上の「思い」は、先に意思ありきであり、極めて恣意的なものです。

まず**状況の分析**（自分で何かを掴んだという原体験が必要）があり、それを受けて意思ありきで**「思い」を作り出し**、どう動かすかを**戦略として考える**、そういう順序になります。

ですから、「本当はしたくないんだけれど、状況を分析するとこれをやらざるを得ない」といった作り方になるケースも少なくありません。

とはいえ、そのことに罪悪感を持つ必要はありません。

役割意識から考え、そこから作り出した「思い」であっても、ビジネス上は立派な「思い」だからです。

ただし、後からでもその「思い」に自分が同化できなければ、人は心底からは動きません。そこの努力は最低限必要になることでしょう。

さて、その「思い」が完成したら、今度は、それを成し遂げるために必要な構造を考えます。

戦略を考える前に、「思い」を成し遂げるには、何が大事なのか、その要素を抽出し、キーワードにして、順番をつける工程です。

ただ、もう一度断っておきますが、これからの厳しいビジネス環境下から抜け出すための「思い」、すなわちWHATは、ユニークなもので、あなたの独自性が感じられ、それに強い共感を生む内容である必要があります。そうでないと多くの仲間の共感と信頼を生みません。

ですから、あくまでもあなたが主体的であることが求められます。

主体的とは、**いついかなるときも周りのせいにはせず、そのビジネスに起きるすべてのことに責任を持つ**ということです。

その覚悟を含んだものであることが必要です。

そのことを理解したら、営業部長自身がやりたいビジネスへの「思い」を成し遂げる〝構造〟を考えます。

「思い」を成し遂げる武器とも呼べるもの、それは、知識と習慣、そして能力です。言い換えると、**現状から増やすべき（他から獲得すべき）資産**と、**変えるべき行動様式**と、**磨くべき力（他人にはない突出した力）**です。

それこそが、考え抜かれた戦略に至る道筋を作ります。

この工程がいい加減だと、ご自身の「思い」とは関係のない至近の組織課題（目標達成や人事問題等）や世間で言われている同調圧力（カーボンニュートラルやコンプライアンス等）を解決する手段を「戦略」とせざるを得ない思考回路に陥ってしまいます。

ですからこの部分は、ぜひとも心してかかってください。

何事かをなすときに、一番に武器になる資産は**知識**です。

知識とは、単なる情報ではありません。いざというときにすぐに活用できるよう、スキルにまでしておくことが必要なのです。

そこには、人脈や資格なども含まれます。

そんな実用的な知識こそが「思い」を実現に近づけてくれます。


次に武器になるものは、ビジネスの成功に向けていつも最善な状態に持っていける**行動様式**です。

行動様式は、再現性を確保させる「習慣」によって作られます。

もともとの考え方の癖をコントロールし、そのビジネスに適合する行動をいつでも再現できる習慣を身につけなければなりません。

毎回いちいち考えながら行動していたのでは、そこに行き着くのに時間がかかってしまうからです。


そして、最後に武器として考えたいのが、**顧客や上司から選ばれる能力**です。

ここでの能力とは、誰もが身につけるべき普遍的な能力というよりは、その企業で「○○の力が一番ある」であるとか、「業界内で一番○○である」といった、野心的なものである必要があります。

顧客や上司から見て、あなたしかできない、選ぶに値する価値となるべき能力を磨き、身につけることこそが、「あなたにそれをやらせたい」といった個人指名につながるからです。

これらの抽出の仕方、適合した経営理論は、私の前著『日本で唯一！ＭＢＡクラスの「営業」の教科書』（徳間書店）で詳述しているので、知りたい人はぜひ参考にしてみてください。

Point - 18

営業部長の「思い」を成し遂げるための武器は、知識と習慣と能力だ。それが何かを徹底的に考え、実際の戦略に活かそう。

5 営業戦略を作る正しい手順

重要な知識、習慣、能力を特定したら、それらを駆使して勝利を確実にする計画を立てましょう。

成功への進捗を可視化するために、**取り組むべき主要なタスクを明示的な目標として設定**します。これらは、営業戦略の核になります。

営業戦略を科学的に構築するには、原因と結果の因果関係を理解し、誰もが結果を達成できると信じられるように計画を策定する必要があります。

つまり、選んだ武器がどのように効果を発揮し、目標達成に導くかを明確にして、チーム全体が納得するように提示することが求められます。

具体的に皆が理解できる営業戦略を構築するためには、次のステップを踏むとよいでしょう。

まず、**必要な知識、習慣、能力をどの程度まで取り入れるべきかを検討して、計画を緻密に立てます。**次に、その中で**特に焦点を当てるべき事柄をタスクとしてを3つ選び、それぞれにわかりやすい名前をつけます。**そして、**タスクのゴールとそこに行きつく方法、予期せぬ状況に対応するための情報を定めます。**

これらの要素があなたの「思い」を形にする戦略となります。

このプロセスを経ることによって、短期的で場当たり的なアプローチによるものではなく、あなたの「思い」を達成するための正しい営業戦略が築けるのです。

Point - 19

知識、習慣、能力の〝武器〟の総和が、「思い」の達成レベルを超える。その獲得の道筋を誰もが理解できるように描く。それこそが戦略を科学的に示すことだ。

6 戦術への落とし込みも営業部長の仕事

営業戦略は、あなたがやりたいビジネス、つまり「思い」に基づくものであるべき、という説明をしました。

では、その戦略を、どうやって実現していけばいいのでしょうか。

そこで大事になるのが、戦術の話です。

昭和世代の営業部長の中には、「戦略までは考えるけど、どうやって実現するかの戦術面は現場で考えてくれ」と投げてしまう人が多くいました。むしろ、それが一般的な時代でした。

現場間の駆け引きや調整を経た結果に対して、部長である自分が承認を与えることに意味があり、自分が現場より上位であるという立場を明確にする儀式なのだと誇らしげに語っていた営業部長もいたほどです。

彼らにとっては、戦術は文字通りの戦術ではなく、組織管理の道具にすぎなかったのかもしれません。

しかし、今の時代、**戦術は、「思い」を確実に実行するための具体的な手順ですから、組織運営の最も大事な要となるもの**です。

市場や組織の状況、チームメンバーの能力と調子を理解している者が、どのように組織を動かし、さまざまな不測の事態にどう対応するのかを計画するのが戦術です。

営業部長は、この計画を立て、実行を促す役割を担います。

ここにこそ、営業部長の力量の差がもっとも現れるのです。

具体的な戦略を実現するためには、まず、具体的な目標を設定します。**目標は数値化することが望ましい**です。

例えば、「1年以内に大手5社から受注を獲得する」といった明確な目標にすれば、達成基準がわかりにくいといった声は起きないでしょう。

これに対して、「ヒアリング力を強化する」や「企画力ＵＰ」などの抽象的な目標だと、何をどこまでやればいいのか、共通のものさしを持つことができません。これでは具体的な戦術への分解が難しくなってしまいます。

数値化された目標が決まったら、次は、**市場や組織の状況、個々人の能力やコンディション**を分析し、これらをもとに戦術を**5W3H**（いつ、どこで、誰が、何を、なぜ、どのように、どれくらい、いくらかけて）の観点で計画します。

計画の一部がうまくいかない場合の代替案も考えます。

難しいのは、結果に幅のある事項を決めることです。

例えば、野球の試合で、スコア0対0のまま9回裏に突入し、ノーアウト満塁のピンチに直面している場面を想像してください。

戦略は、「三振を奪って抑えること」です。

ピッチャーである自分は、この場面、最初の2球をストレートでストライクを取り、最後にフォークボールで打者を仕留める戦術を立てました。

ただ、九回まで自分ひとりで投げてきた関係で、ストレートや変化球の威力に陰りが見えます。通常なら力強いはずの外角低めのストレートが、もし速度が落ちていると、打者に当てられて右方向へのゴロを打たれるリスクがあり、それが決勝点につながるかもしれません。しかし、フォーク以外の変化球を投げる自信がなく、ストレート以外で勝負すると四球を出す危険も増えます。

結局、ストレートを投げるしかないのですが、これは実際に投げてみないと結果はわからない緊張の瞬間です。最後は自分の直感を頼りに、「えいや！」とやってみるしかありません。

その直感は、錬磨すればうまくいく確率が上がると言う人がいます。投げる前の自信のある態度やちょっとした腕の振り方なども重要だという指摘もあります。

だからこそですが、**営業戦術も営業部長が何度も計画立案して実行し、微妙な条件の違いなど、この局面ではどうするべきか、直感が冴えるように経験を積んでいくこ**

とが大事なのです。

これを、人任せにしているようでは、ここぞというときの大事な直感が鍛えられず、大事な局面での判断を謝ることになりかねません。

Point - 20

営業戦術は、戦略同様、営業部長自らが立てること。部下任せでは、大事な場面での直感が鍛えられない。

7 戦略・戦術を丁寧に伝える

さらに大事になるのが、戦術をわかりやすい言葉でメンバーに伝える作業です。

営業部長は、戦略を具体的な行動計画に落とし込むことがとても重要です。これには、目標を明確にして、それをチームメンバーにわかりやすく伝えることが含まれます。

かつては、上司が命令を下して、部下は従うというタテの関係が明確にありました。上司は結論のみを言い、部下は文脈を推し量り、行動していました。

結論から先に言え、箇条書きで書いてこいなど、基本的に上司優先の組織運営だったわけです。

仮に逆らおうものなら、その会社でのキャリアに大きく影響した時代です。

しかし、今日では、部下が動くためには、上司からの詳しい説明が必要です。それは、**結論より先に、その背後にある理由や経緯（文脈）も共有すること**を意味します。

そのうえで、何をどの程度までやって欲しいのか、事細かく説明しないと部下は動いてくれません。

「あの上司の言っていることはよく理解できない。矛盾だらけだ。社長の受け売りで心が躍らない……」と、自らの行動は棚に上げて、上司の言い方批評が始まってしまいます。

ただ、悲しいことに、まだ多くの営業部長はこうした環境変化に気がついていないようです。

「部長、そのやり方ではダメです」「結論だけ言っても誰もわかっていませんよ」などと、コミュニケーションの間違いを指摘する人がほとんどいないこともその理由のひとつです。

営業部長の皆さん、今の時代、「結論を言っておけば大丈夫」は間違いです。

そのうえ、後は自分で考えろ、忖度しろなどと思っていては、けっしてうまくいかないでしょう。

ここまでの話を整理すると、まず営業部長は、営業戦略を考えたら、それを営業戦術に落とし込みます。そして、関係者全員に、その意図まで理解できるように、自らの言葉で伝えるようにします。

いずれも、人任せにできない工程です。

営業部長であるあなたの「思い」からくる戦略は、部下や関係者の主体的な意欲を生む、極めて大切なものです。組織全体のパフォーマンスに直結するからです。

ぜひ、自分の考えを伝える訓練を積んで欲しいと思います。

Point - 21

営業戦術も自ら伝えよう。あなたの意図通りに動いてくれるかどうかは、その伝え方にあるのだ。

8 しっかり動いてもらう「関係性」を築くこと

いくらいい戦略、戦術を作れても、部下や関係者が実際に動いてくれないと絵に描いた餅になってしまいます。

先ほども述べたように、今まででであれば、部下や周りが忖度してくれて、あなたの方針を何とか実現しようと相談したり、模索したりしたでしょう。

簡単に言えば、あなたには、部下を動かす権力がありました。

しかし、今や若者は、権力に迎合はしません。心底共感したり、自分のキャリアに役立つことでないと、進んでは動いてくれない時代です。

逆に言うと、**人を動かすコミュニケーション力の大切さが浮き彫りになってきたと**いうことです。

人を動かすコミュニケーション力のヒントは戦国の世にあります。

豊臣秀吉や徳川家康などの戦国武将は、自分の味方を増やすために、ものすごい量の手紙を書いたと言われています。

その中で彼らが最も気をつけていたのは、相手がどんな人物で、どんな事情を抱えているのかを、まずは見極めることでした。

相手がおだてに乗りやすいタイプなのか、恩賞に執着するタイプなのか、はたまた解決しないといけない事情を持っているのかなど、相手の人間性や置かれている状況をよく考え、直筆で、しかもその情感に訴えるように書くのがポイントだったようです。

その手紙ひとつで、戦さの勝ち負けが決まるという場面が多かったはずですから、どんな言葉が最も効果的なのか、真剣に考え抜いていたことでしょう。

では、営業部長であるあなたは、物事を伝えるときに、どの程度相手のことを思って伝えているでしょうか。

自分が言いたいことを、相手に関係なく伝えていないでしょうか。

または、いつも同じようなぶっきらぼうな、紋切り型の言い方にはなっていないでしょうか。

「君ならできる」「私の言うことは理解できるよな」「この正念場を乗り越えてこそ先が見えてくる」などは、紋切り型の典型的な言葉です。

カッとなって怒鳴ったり、相手が忙しそうにしているのに「ちょっと」と呼び止めて声をかけたり、こちらの事情やタイミングだけで動いていないでしょうか。

直接話せばいいことをメールにしたり、間接的に伝えた方が効果的なのに待てずに直接話したりと、そのあたりの細やかな気遣いも必要です。


人を動かすコミュニケーション力の要諦は、**相手を見極め、メッセージを考え抜き、適切なタイミングで、伝え方の工夫をすること**にあります。

そのうえで、そうした丁寧なフローを繰り返すことです。

それによって、はじめて相手といい関係性ができていくからです。

人は、「関係性」で動きます。

あなたがどれだけ素晴らしいと思えるような戦略、戦術を考え出したとしても、目の前の部下が意のままに動いてくれるわけではありません。

丁寧に伝えたのに心底腹落ちしたように思えない……。そんなときは、間違いなく、部下とあなたとの間に、いい関係性ができていないということです。

ですから、普段から丁寧で細やかなコミュニケーションを取り、部下との間にいい関係性を作っておくことが重要なのです。

Point - 22

部下を動かすコミュニケーション力は、普段からの丁寧で細やかな話し方の繰り返しで、その部下との間にいい関係性を作ることだ。

9

あなたの一挙手一投足がメッセージ

営業部長のあなたには、部下との関係性のほかに、もうひとつ気をつけたいことがあります。

それは、**あなたの容姿や言動が人に与える印象**です。

ご存じの方も多いと思いますが、人の第一印象は、会って3~5秒、少なくとも20秒以内にでき上がると言います。

その多くを視覚情報から得られるというメラビアンの法則があります。この法則は、部下や顧客とのコミュニケーションにも応用できます。

アメリカの心理学者メラビアンは、視覚情報の取得を58%と示しましたが、形式を重んじる日本人の感性では、70%くらいは当たるのではないかと私は思います。

例えば、あなたが朝、明らかな二日酔いの姿で、元気なさそうに現れたとします。

しかも、スーツにしわが寄り、ネクタイは曲がり、ズボンの折り目も弱く、靴も磨かれていないとしたら、それを見た部下はどう思うでしょうか。

きっと元気がなくなり、やる気をなくすことはもちろん、あなたとの距離を取ろうと思っても不思議ではありません。

それは、あなたが「今日は仕事のやる気がない」というメッセージを、体中から発信していることが原因です。

また、今度は、あなたがはやりの薄ひげを生やし、おしゃれメガネをして、奇抜な柄のスーツで、尖った靴を履き、あからさまなブランドバックを片手に営業同行に出かけたとしましょう。

同行した部下はもちろん、その格好を見たお客さんはどんな印象を持つでしょうか。

中にはおしゃれでカッコいいと思う人もいるでしょうが、多くは、あまりいい印象を持たないのではないかと思います。

ここで言いたいのは、**あなたは、容姿、姿勢や動作、目、声、服装や持ち物に至るまで、そのすべてからメッセージを発信していることに、もっと敏感になるべきだ**ということです。

元気のなさ、だらしなさ、華美すぎることなどは、特に敏感に感じ取られてしまいます。

営業部長であるあなたは、ファッションは常に相手のためにあるものだという意識を持つと同時に、部下はあなたの振る舞いの一挙手一投足に注目し、影響を受けるものなのだと認識する必要があります。

そう、今、何気にした「あくび」は、必ず何人かの目にとまり、伝染してしまったというくらいの緊張感が必要です。

Point - 23

あなたの一挙手一投足は、あなたのメッセージとなり、部下に何らかの影響を与えているという意識を持とう。

Episode-3

「営業部長・寺山真司の奮闘記」

「部長、私には部長のやりたいことがよく理解できません。部長は何をやりたいんですか。」

真司は、新進気鋭の部下、辻田たかねから詰められていた。辻田は、管理畑出身であったが、昨年突然、営業部に配属になり、1年で会社初の女性管理職、営業課長に昇進したばかりだった。

「部長の戦略は、まったく常務の受け売りだし……。気を遣っているのはわかります。しかし、だったらご自分のやりたいことくらいは明確に私たちに説明してもらわないと動けません。部長は何をやりたいんですか。」

真司は、先日、前田からもらった宿題にまだ明確に答えを出せずにいた。

「僕はだね。常務の方針に従って、厳しい目標を達成したいんだよ。10億だよ。それだけなんだよ。」

「そんなことはわかっています。だけど、現に、競合に負けることが多くなってきて、顧客からの値引きにハイハイと受けるベテランの営業マンの人たちもいっぱいいる中、何を中心に売るとか、流通形態を新しくするとか、そんなことを決めないといけないと思うんです。」

「だから、それはみんなで決めようということで、今度の木曜日に会議を設定したじゃないか。」

「みんなで決める？　みんなって誰ですか？　今の課長の中にそんなことを決められる人はいませんよ。みんなそんな知識も力もありません。」

「おい、おい。そんな激しい言葉を使うなよ。みんなで力を合わせるというのは常務の方針でもあるんだよ。」


真司は、自分が掲げている戦略を書いた手帳を取り出し、10億円の売上達成とコスト削減、そしてみんなで力を合わせるという文言を今一度確認した。

「話になりません。だったら、この部は、誰も決めない、考えないということなんですか。」

「違うよ。決めるのは僕がやる。」

「本当ですか。だったら、今、決めてくださいよ。みんなで話をしても堂々巡りをするだけです。部長の考えはないんですか。」

「そうは言ってないよ。」

ただ、真司の頭の中には、辻田が言うような何を中心に売るとか、流通方法を新しくとかいう考えはなく、みんなが出してくるだろう考えをその会議でまとめようと思っていた。自らの腹案としては、情報を密にしてとか、競合より先に動くとか、どちらかと言うとどのようにして10億円を達成するかという手段ばかりを思い描いていたことも事実だった。

「だったら、それを今聞かせてください。今でなくても、その会議の前にこんな方法で行くつもりだということだけでも結構です。でないと、こんなに業績が落ち込んでいるのに、部長にはもうついていけません。」

「もし、話さないと言ったらどうするんだい。」

「簡単です。常務に掛け合って、部長は常務の受け売りを言うだけで、自分の方針というものがないのでついていけない。私を他の部に出すか、部長を変えるかどちらかにしてくださいと迫ります。」

「おい、おい。過激だなぁ。」

「私、真剣ですから。」

「わかった。少しだけ時間をくれないか。ちゃんと説明するから。」

真司は、そう言って、その場を逃れるのが精一杯だった。


真司は、また前田の前にいた。辻田との激しい経緯（いきさつ）を説明すると、

「この間、君の戦略を聞いて、こんなことになるんやないかて心配してたんや。」

「はぁ……。この間仰っていたすべての判断は、自分で掴んだ具体的事実でするべきだということは、よくわかりました。それで、この間のことで皆を思考停止にしてしまったかもしれないと思い、皆で決める会議を設定したんです。」

「なるほど。」

「でも、辻田はそれを自分で決めろと言うんです。」

「そやなぁ。」

前田は、少し困った顔をして、しばらく黙った。

しばらくして、

「なんで、僕が心配していたか、わかるか。」

「……。」

「君の戦略は、常務の言葉を自分の言葉にしただけやと言うとったけど、その常務の言葉も失礼やけど、事業のＨＯＷであって、ＷＨＡＴやない。よう言うたら、昭和の突撃隊長のような言葉やったからや。」

「昭和ですか。」

「そや。何億円かの目標達成とコストの削減やったっけ。それとみんなで力を合わせるって言うてたな。」

「はい。よく覚えてられますね。」

「もとはと言えば、それは何のためかっていうことや。」

「もとはと言えば……。それは、もちろん売上の拡大、業容の拡大ということだと思います。」

「そこや、昭和の隊長というのは。ええか。日本が高度経済成長でみんながいけいけドンドンのときやったらそれでええやろ。でも、今は違うで。それぞれの会社が、何をしたいのか、どんな会社になりたいのか、それを明確にせんと顧客から選ばれんようになってきとる。辻やんは、それを肌で感じとるからそう言いよんのと違うか。」

「この間、仰っていた『なぜそれをやるのかを明らかにしろ』ということですか。」

「そや。そんで、もっと言うと、全部に力を入れると言うんやなくて、電気自動車が伸びるやろうから薄板に力を入れるとか、海外向けの商品は既存商社だけを頼るんやなくていろんな販路を獲得するとか、君がどんなビジネスをやりたいかを明確にせなあかんと言うとるんや。」

「それがＷＨＡＴということですか。」

「今まで、日本の企業は、ＨＯＷばっかり考えてきたんや。今でも、例えばＳＤＧｓのような命題が与えられると、そのＨＯＷばっかりを考える。そやから、この体たらくがあるんやとわしは思うとる。君は、この状況下でどんなビジネスがしたいんや。」

「……。確かに、うちの会社の社是は、日本一の技術力で世界に貢献すると言ってますから、これからのEVや再生可能エネルギーを支える鉄に特化して、そこの突出した技術だけは絶対に負けないようなビジネスをやりたいんです。」

「おお、立派に考えとるやないか。それが君の思いなんやな。」

「はい。」

「それやったら、それを言葉にして皆に言えばええ。そんで、それが実現可能になるような筋道をつけるのが部長の仕事ちゅうことや。」

「えっ。それは役員の仕事と違うのですか。僕らはその決められたことをどうやってやるかを考えるのが仕事かと思ってました。」

「あほ。そやから辻やんにあんなふうに言われるんや。ええか。これからは、ビジネスを作るのは部長の仕事、それが会社の目指すことや世間の方向と合っているかを考えるのが役員の仕事と考えや。これも、この間言うたかもしれんけど、社外の知識を一番持ってこれたり、交渉する立場にあるのは部長や。そやから、ビジネスをメイクできるんや。」

「なるほど。自分の思いを言っていいんですね。」

「そや。そやけど、言うときには気いつけや。どうしてそう思ったのかっちゅう経緯と、それをどう実現するのかというあんさんなりの物語を言わんとあかんで。人は、なんでそう思うのかという気持ちに共感して、どうしてこの人がこれをやらはるんかという手立てに信頼を寄せるもんや。それを忘れたらあかん。」

「だからこそ、それを考え抜いて、ある程度実現可能な見通しを作ってから話せと仰っているんですね。」

「そや。その通りや。その勘だけは、相変わらずええなぁ。」

「自分の思いを辻田に話してみます。」

「もうひとつ言うとくと、その思いを実現するために打つ手が戦略ということやから、勘違いせんようにな。」

「どういうことですか。」

「君が言うてた尖った技術のビジネスが思いなら、それをどうやって実現するかの手立てが戦略やって言うとるんや。けっして10億円達成とかコストの削減とか、今突きつけられてる課題を戦略や言うたらあかんで。」

「前田さんの仰っていることが、なんとなくわかってきました。再生可能エネルギーをやっている会社とのパイプ作りとか、その技術に一番詳しくなるとか、そんなことが戦略になるように考えてみます。」

前田の顔には、この男、本当に大丈夫だろうかという心配と、大事なことは伝えたという安堵感の両方が滲むような笑いじわが出ていた。

真司は、自分のノートを取り出し、「思い」、経緯と実現ストーリー、感情による共感、信頼、成し遂げるための戦略、など殴り書きしたものを今一度矢印をつけて整理した。

一抹の不安は、今話された会話の論理と社内の実態、つまり役員と部長の関係性が果たして合うのかということだった。そこが合わないと、また逆戻りになってしまう。

真司の心は、さわやかな希望とそんな不安が交錯していた。

「少なくとも辻田にはしっかり理解してもらいたい。そこが一枚岩にならないと。」

そんな気持ちが押し寄せてくるのだった。

第4章

優秀な営業課長の育て方

1 営業課長がキーパーソンだ

プロフェッショナルの世界において、一流のコーチは、すべてを教えることはありません。自ら重要なことを学べるよう、ヒントだけを与え、上手に導く人だと言われます。

このアプローチの背後には、自分で苦労して得た知識は忘れにくいという考えがあるのでしょう。

確かに、自分でもがき苦しんで解決策を見つけた経験はいやでも身につき、記憶にも深く刻まれるものです。また、よじ登ろうという意思が強い人の中では、過剰な教育はやる気をそぐだけだと考える見方もあります。

ただ、それは、プロになるまでの基礎体力というか、基盤ができ上がっている人の中での話です。

当然ですが、ビジネスは、最初は皆、大半が素人です。

そんな素人が力を発揮するためには、まずはプロと同じようにビジネスの基礎知識、体力を備えることが必須でしょう。

それがなしでは、40年50年とその世界で活躍することは不可能です。

だからこそ私は、営業課長になるまでにその力をつけられるかが大きいと考えています。もし未熟だと感じたら、まずは、営業課長を一人前として認められるように育てること、それこそが、プロとして活躍できる集団を作ることに直結すると考えています。

Point - 24

営業部長として、または、ビジネスパーソンとして活躍したいのなら、まず営業課長を相応のビジネス基礎力、力量がある人に育てよう。

2 営業課長とは、「内部統制」ができる人

では、どのような人が営業課長としてふさわしいのでしょうか。
私は少なくとも、次の2つの条件が求められると考えます。

・営業（この場合はセールス）としての業務ができるような基礎力をつけ、自分の考えに基づいて動いてくれるように部下をマネジメントできる
・部下を導いていけるリーダーシップを発揮し、自分と同じような基礎力がつくように人材育成できる

もちろん、管理職は会社を代表しますので、人格的にも優れていることや、会社の進むべき方向性を体現できるようなプロフェショナルな習慣を身につけているこ

とも大切です。

では「基礎力」の具体的な中身は何でしょうか。これは次の3つに分解することができます。

第1に、どんな状況に置かれても、与えられたセールスの目標を達成する力です。仮に短期的に達成できなくても、短時間でリカバーできることが望まれます。それには、メンバーが単独で業績を上げられなければ、自分が取って代わってそれをやるくらいのセールスの力量は必要でしょう。

営業課長とはそんな職種です。

第2に、与えられたメンバーや決められた商品・サービスのパフォーマンスを最大限引き出す力です。

メンバーや商品・サービスの特質をよく知り、どうすればどうなるかという知識、経験、それを活かす知恵を兼ね備える必要があります。

第3に、会社が定めた規範や社会のルールをよく理解して、そこから逸脱しないように自身やメンバーを管理監督する力です。

もちろん、今まで会社が築いてきた伝統や成長の原動力となった行動指針を受け継いでいることも重要です。

以上の3つが必要条件になります。

要するに、会社から自分に託された組織を、自分が身につけてきた知識や経験、力量を総動員してピカピカに磨くことができる人になるでしょう。

私は、この自組織をピカピカに磨くことを、その課長の考えで、その組織に自律的な動きをさせるようにするという意味を込めて、「**内部統制**」と呼んでいます。

そう、**営業課長とは「内部統制」ができる人**を指し、その基礎力（基礎知識を含む）を備えた人ということになります。

Point - 25

営業課長は、内部統制できる力量を有し、自組織をピカピカに磨くことが望まれる。その意思を持とう。

3 内部統制には、ベースとなる信頼関係が必要だ

最近書店に行ってビジネス書のコーナーを見ると、リーダーシップに関する本がずいぶん充実していた印象を受けました。

私が社会人になりたての頃には、ドラッカーをはじめとするマネジメントに関する本や言葉がその場所にはあふれていました。

かの有名なハーバード大学のジョン・コッター教授は、「マネジメントとは、複雑さに対処することである」と説きました。

まさしく、新入社員当時は、企業が複雑さに対処しないといけない時代であり、そして今は、**変化に対処しないといけない時代である**と言えるでしょう。

高度経済成長の真っただ中の頃は、例えば東京本社でできたことを大阪や名古屋

へ、はたまた海外で同じようなオペレーションができるようになることが望まれた時代です。

会社の規模や組織の拡大、創業年数が積み重なってくると、企業にはしがらみや利害関係者が増大し、複雑さを増してくるのです。

それを放置しておくと、混乱状態に陥り、やがて存亡の危機に瀕するかもしれないと懸念されました。

だからこそ、マネジメントの重要性が説かれ、その力の重要性が叫ばれたのです。

一方で今に目を向けると、この激しい環境の変化に対応しなければ、持続的な成長が実現できないことが明白となってきている、そんな時代です。

変化に対応するためには、どんな組織でも、常に変革を求められるということです。

変化が大きければ大きいほど、強いリーダーシップが必要です。環境変化を的確に読み、組織の方向づけを行わなければいけないからです。

だからこそ、今は、書店でもリーダーシップの本があふれているのでしょう。

さらにこれからは、人口減少による働き手の減少が懸念されます（しばらくは、管理職候補世代の減少が続くと言えます）。

また、長引く経済の停滞やコロナ禍を経てビジネスマンの経験不足が露呈してきています。

ですから、企業の永続的な成長を目指すならば、一層の人材育成が求められると言えるでしょう。時代の変化に合わせながらも、人がなすべき行為の本質を見つめ続け、育成を試みるのです。

今の若者は、言葉で概念を伝える力、理解する力自体が弱くなっているという印象を受けます。その若者の状況に合わせた教え方をできる人も少なくなっていると感じます。

動画や対話、研修メソッドなど使えるものを総動員して、しばらくの間、試行錯誤を積み重ねていく覚悟が必要でしょう。

内部統制が得意であるという日本人の気質は、今までのタテ社会独特の相互監視にも裏打ちされているということを忘れてはいけません。

かつては長時間労働や、ハラスメントもずいぶんと横行していました。そうした負の面はあったものの、一方で互いを深く理解し信頼関係を築くことができたいい面もありました。

昨今は時短やハラスメントの回避から、組織の人間関係がずいぶんドライになりました。しかし、お互いが無関心になってはいけないのです。

もちろん私は、長時間労働やハラスメントがいいと言っているわけではありません。

ただ、そのデメリットを解消すると決めたら、それと同時になくなってしまういいところを代用して余りある仕組みを構築していかないといけないと考えています。

その仕組みを作るのも「イノベーション」です。

昨今ではSNSやチャットツールなどでコミュニケーションを取る組織も多いでしょう。それらは、フラットなネットワーク作りには効果的なものです。

かつてのような親分子分のようなネットワークは確かに強固で、困ったときなどは頼りになるものですが、こんなことを知っていますかとか、こんなことやりませんかなど気軽に集まったり、話をしたりすることには向きません。

そういうときには、フラットなつながりの方が、参加したい人だけが参加するという意味で、効率よくまた遠くまでつながります。

ただ一方で、本人のことを詳しく知ろうとか、相手を気遣いながらコミュニケーションすることには向いていません。

ですから、こうしたツールが、長時間労働やハラスメントをなくすことで失う「コミュニケーションの密度」を代用してくれると考えるのは浅はかです。

これからは、ますます社内コミュニケーションの工夫が必要でしょう。

けっして強制ではなく、皆が今ここにいる経緯や、趣味、目指しているもの、会社以外で学んでいること、触れられる範囲で家族のことなどの個人情報を自主的にオープンにして、ざっくばらんに話すことが求められます。

営業課長が、自分の権力で部下を動かす以上に、相互扶助の中心にいることが感じられること、皆が助け合うようなメンタリティが形成されていることなどが必要です。その**横のつながりや信頼関係のベースこそが、内部統制に不可欠な時代**だからです。

昭和に育った我々の世代は、主従関係の中での信頼を構築するのに長けていました。

しかしこれからの時代は、自律した者同士の相互依存の中で、信頼関係を築く必要があります。

そのベースがあってこそ、役割としての内部統制が可能になると考えるべきなのです。

Point - 26

長時間労働やハラスメントをなくすことで失われるコミュニケーションを補う工夫をしよう。互いを理解し合い、信頼関係を築く工夫が一層求められる時代だ。

4 まずは「ミッションが何か」を語ろう

では、そんな内部統制に長けた営業課長をどのように育てたらいいのでしょうか。
まずは人を育てることの機能面の話をしたいと思います。

当然ですが、営業課長は、**営業（セールス）の目標を達成する**、つまり結果を出すことが第一に求められます。

さらに自組織のパフォーマンスを最大にすること、つまり運営のプロセスを最善の形にして、ルールを作り、そのうえでルールを守ることが重要です。

私は、それらは、営業課長のミッション（役職に与えられた使命）であると考えます。

組織とは、ある目的を達成するために、単位ごとに役割を分担し、その活動を統合・調整する仕組みであるとするなら、その一単位を成り立たせる根本がこのミッションとなります。

これが果たされなければ、どれだけ統合や調整をしても、その組織に与えられた目標を達成することはできません。

単位ごとの役割は、これも前述したように、業務以外の組織運営に関すること、マネジメントやリーダーシップ、人材育成の要素を濃淡つけて分担することも可能です。

また、組織を成立させるために必要であると、アメリカの経営学者で実業家のチェスター・バーナードが指摘した組織の目的（を作る、維持する、変更する）、や貢献意欲（を持たせる、育てる）、コミュニケーション（を活性化させる、量を増やす）という要素もあえて専門組織として作ることもできるでしょう。

しかし、ミッションは、その一単位がそれぞれ、「何としても果たす」ということを前提にしなければ、役割分担の意味がなくなり、活動を統合や調整をすることができなくなってしまうのです。

営業部長であるあなたは、まずそのことを、組織の最小単位を担わせる営業課長に理解させる必要があります。

この組織は、ミッションをそれぞれが果たすことを前提にして、どういう役割の分担で成り立つのか、また成り立っているのか、あなた自身が説明をして、しっかりと認識させる必要があります。

さらに言えば、営業部長であるあなたには、あなたが会社から任された目標や役割が何で、それを達成すると会社はどうなるのかを、課長にしっかり説明する「義務」があります。

それらをなくして、彼らのミッションを説明しても馬耳東風になることは当たり前のことです。

Point - 27

営業課長に自身のミッション（使命）は何であるかを理解させよう。

5

営業部門は「CPD」を回せ

そのミッションを理解してもらったら、次は、営業課長がやるべきフローが回っているかを確認します。

営業課長のフローとは、簡単に言えば、**Check**（モニタリングによる現状理解）**→Plan**（打ち手検討）**→Do**（実現）これだけです。

よく言われるＰＤＣＡや、変化の激しいときに有効と言われるＯＯＤＡ（ウーダ）という概念もあります。

しかし営業部門が最も大事にすべきは、試行錯誤しながらループを何度も回すことです。したがって、Ｐ（プラン）、Ｄ（ドゥ）、Ｃ（チェック）の変形版である「**CPD**」

が一番適切だと考えています。

次に詳しく中身を説明しましょう。

C（チェック）とは、**自部署と営業構成員のモニタリング**と、**ベストパフォーマーの要素抽出**という2点があります。

自部署と構成員のモニタリングは、まずはミッション1（目標達成）に関することがあります、すなわち、自部署の重要商談やプロジェクトの活動状況や進捗が頭に入っているか、また期間目標に対する見込みとそれを達成するためのプランや見通しを細かく理解しているかということです。

そのうえで、メンバーの勤務状況、生産性、メンタリティーについての把握というミッション2（パフォーマンス）、そしてミッション3（ルール）に関わることの掌握です。

次にベストパフォーマーの要素抽出では、自組織のベストパフォーマーを発掘し、何がそのパフォーマンスを生んでいるのか、その要素（ノウハウ、テクニック、行動など）を抽出・分解します。

また、競合他社の営業との違いや、あなた（営業部長）とのギャップから足せる要素の確認を行います。


続いてP（プラン）についてです。

Pは、C（チェック）を受けて、**メンバーが最も働きやすい環境を作ること**に主眼を置きます。

自部署内のチーム編成を変更したり、適切な目標の割り振りを行います。

また自部署内の業務プロセスの改善やマニュアルなどの整備、プロジェクト全体の調整や割り振りの変更、その他阻害要因の排除や促進要因の援助などをどうするのかに働きかけなどを決めていきます。


最後にそれらができるたら、D（ドゥ）です。

Dは、具体的に**リーディングとコーチングを行うこと**です。

メンバーへの実演や個別指導、重要商談やプロジェクトへの参加から始まり、キャリアへのアドバイス、力量に合わせた期待、疑問に対する解答などでモラルやモチベーションを高めることなどもあげられます。

成功体験や売りやすい環境の整備、事業方針や注意事項の浸透、上位組織への要望のエスカレーションなども含まれます。

営業部長であるあなたは、これらのことを課長がしっかり回しているかどうかを確認し、必要に応じてフォローしていきます。

このときに、「結果」だけで判断しないように注意します。**営業課長の部下からの情報収集を含めて、彼らが「CPD」を実際にどこまで回せているか、そのプロセスのできばえにしっかり目を光らせるようにします。**

通常は、これらのことができるからこそ、営業課長なのですが、できていなければ、あなたが教えて、できるレベルまで引き上げる必要があります。

営業課長のミッションをそれぞれが果たせるかどうかが、会社全体のパフォーマンスにつながることは明白です。
それもあなたの大きな役割と考えて挑んでください。

Point - 28

営業課長のフロー（ＣＰＤ）がそれぞれの課で回っているかを確認しよう。

6 世のトレンドとデジタルツールを自在に操れ

営業課長の仕事が「内部統制をすること」と言っても、彼らをそこだけに押し込めるようではいけません。

彼らがメンバーの働きやすい環境を作ったり、リーディングやコーチングをしたりする際は、世の中の動きやその背景をよく理解しながら進める必要があります。

それには、**営業部長であるあなたが、積極的に世の中の動きを吸収し、彼らに教えることが**望まれます。

例えば、今の世の中を知るためのキーになる言葉や概念がたくさんあります。

リキッド消費、応援消費、エシカル消費（サーキュラーエコノミー）など、顧客の消費に関すること、レトロマーケティングやナッジ理論、経験的価値の重要性など、消費をさらに進めて顧客の行動心理学に関すること、また、資本主義と社会主義の狭間の民主主義、あるいは時間資本主義に関することなど、あげればいくらでも出てきます。

こうした**今世の中で話題になっていることを、まずはあなたが理解すること**が求められます（それらの詳細は個別に勉強する必要がありますが、本書では触れません）。

そして課長である彼らが時代の潮流から遅れないように、彼らの意見を求めながら、その意味や意義などを吸収してもらうようにすることが大切なのです。

さらに、自組織と構成員のモニタリングやベストパフォーマーの要素抽出を効率よくするには、ＭＡ（マーケティングオートメーション）やＳＦＡなどのデジタルツールやＣｈａｔＧＰＴなどのＡＩツールを駆使することが必要でしょう。

営業部長であるあなたは、それらの使い方にどこまで精通しているでしょうか。

まったくわからない人は論外ですが、知ってはいるし、実際に導入もしているが、運用は営業課長や企画課長に任せているという人が少なくないかもしれません。

しかしそうした人も、これからは考え方を改めた方がいいでしょう。

これらのツールは、これからの営業（ビジネスメイキング）にどうしても必要なものです。

特に若手の営業パーソンをどんどん巻き込もうと思えば、そうしたツールから得られるデータの分析によって、事業そのものがどうなっているのかを明確に示す必要があります。彼らは目的がはっきりしないトレーニングや実現の可能性がない目標提示などを嫌う傾向があります。そういう意味でも、営業部長自身がそれらのツールから得られるデータの読み方を鍛えておく必要があります。

それに加えて、営業課長のモニタリングが正しく行われているかにも目を光らせる必要があります。彼らが自組織のデータを見ながら、メンバーにどんな指導をしているか、その内容を気にするべきです。

Point - 29

内向きがちな営業課長に、世間のトレンドやデジタルツールのことを教えよう。

7 課が円滑に回り出す3つのテクニック

本章では、優れた営業課長を育てるには、ミッションを理解させること、そしてそれをどのように実行させるかについて述べてきました。

しかし、しばしば見落とされがちなこともあります。

本項では、もっと具体的で非常に重要な3つのテクニックを紹介します。

これらがうまくできるようになると、課の運営はさらに円滑に回るようになります。

まず1つ目は、**営業会議の仕切り方**です。

営業会議は、従来は、営業数字を達成するために各自の状況を確認して、足りない数字を営業課長が把握するという側面が強かったものです。

場合によっては、目標に達しない人を寄ってたかって「詰める」という局面もあったでしょう。

しかし、今や、そんなハラスメントになるような行為は是正され、どうすれば営業活動を効率的に行えるかや、この顧客にどうアプローチすれば売上が上げられるのかなど、アクションプランを確認する場に変わっているはずです。

営業部長であるあなたは、あなたが任命している営業課長が主催する会議が、目標を共有する場だけでなく、営業パーソンの知識の集約の場、また一体感を生み出す場になっているかを確認する必要があります。

すなわち、営業会議を、**それぞれが持っている知識を集約して、一体感を醸成する場にする**のです。

そのときに重要なことは、議論の決定を目的にした「ディスカッション」で行われるのではなく、**話す側と聞く側が互いに理解を深め、行動や意識を変化させるような「ダイヤログ」で進行していること**が大切です。

この会社を攻略するには、こんなやり方がいいと誰かが提案したら、どうしてそう思うのか、なぜそれが有効と思うのか、だったらこんな方法もあるはずだとか、対話しながら深めていくことが重要です。

もちろん、議論の末にどうするかを決めるのは営業課長かもしれません。しかしその過程を、みんなの知識を集約させる対話にすることが重要なのです。

2つ目は、**組織の「課題」をみんなが認識するように常に示すこと**です。

営業パーソンは、各人が担当する営業先を持っていて、目の前の問題にどう対処するかで右往左往するものです。

さらに、組織内で起こったさまざまな問題にも、営業課長からその解決を割り振られ、時間を取られていることでしょう。

「問題」とは、既に起こってしまっていて解決させないといけないものとして、みんなが認識している事柄です。

一方で**「課題」とは、まだ起こってはいないが意思を込めてそれが問題だとみんなに認識させ、解決しないといけないものとする事柄**です。

要するに、問題の渦に巻き込まれがちな営業パーソンの目線を、組織課題に向けさせること、そしてその課題に取り組むことで、一体感をさらに醸成しようという試みです。

目線が近視眼的になるということは、自分や自分の周りだけに意識を集中させることですから、一体感からはどんどん離れていきます。

組織の課題への意識は、諸々の「問題」をいったん遠くに向け、自分以外の周りのことを考えたり、思いやったりと組織に貢献するということを思い返させてくれます。

組織自体が「問題」ばかりを解決していたのでは、発展はありません。

どうしても解決したいという意思のあることに挑戦してこそ、成長の果実を得ることができるようになるのです。

営業部長であるあなたは、それぞれの課長がその課題を設定して、みんなで取り組んでいるかをチェックしてください。

問題解決ばかりに埋没している営業課長がいたら、きっとその課は、ギスギスし始めていると認識して間違いないでしょう。

最後の３つ目は、**共通の組織知が増えていっているという実感をみんなに持たせること**です。

知識が財産であることは言うまでもありませんが、その共有財産が増えていっているという実感ができれば、さらにそれを増やそうと一体感が増すものです。

組織知を増やすには、先ほどの組織課題ではないですが、組織でいろんなことに挑戦していくことが必要です。

それによってできた暗黙知（言葉にはなっていないが経験則のようなもの）を、形式知（言葉で表わされた手順書のようなもの）化して、そこに、営業課長の知恵やあなたのアドバイスを加えていきます。

このように、組織運営の計画に組み込まれるような練られた言葉にしていく必要があります。

大切なことは、みんなでそこに行きついたという、実感を共有することです。

営業課長は、それを蓄積させていく番人のような役割を担います。

このようにして、営業部長であるあなたは、それぞれの課にどんな組織知が蓄積されているかを見ることで、その課がどれだけ活性化しているかを確認することができるのです。

Point - 30

正しい会議の進め方、組織課題への取り組み、知識の増殖が行われているかどうかをチェックしよう。

8 人は「いい気づき」を得ることで成長する

「馬を水辺に連れて行くことはできても、水を飲ませることはできない」という格言があります。これはすなわち、人を強制的に育てることは不可能ということを言い表しています。

人を育てるには、その人に合った気づきを与え、「そうか、だったらこうしよう」と、自律的に動くことを促進するほかありません。

したがって**営業部長がやるべきことは、課長に「いい気づきを与えること」**と言えるでしょう。

それをどう与えるかで、人の育ち方はまったく違うものになります。

もっとも、いい気づきを与えるには、育てようとする側が持っている力量や世界観が問われます。したがって、人材育成の質を高めようと思ったら、自分自身を高める意識が極めて大事になります。

人材育成に真摯に向き合うことは、人の人生をよりよい方向に向かうように支援することを意味します。また、育成を行う側の人生の質をも高め、可能性を大きく広げてくれます。

企業は永続的な成長を求める存在なので、どんな状況下でも、次代を担う人材を計画的に育成しなければなりません。

ですから、常に人がなす行為の本質を見つめ、その本質に沿うような気づきを与える支援を続ける必要があるということです。

では、具体的にどのように取り組んでいけばいいのでしょうか。

当然ながら、人はそれぞれによって違いますから、その人となりをしっかり理解する必要があります。生まれつきその人に備わっている品位や性質というよりは、キャリア形成においてその人が培ってきた人間性を理解することです。

その見極めによって、次の段階に進ませるための役割分担の重さ軽さが決まり、それに対する適切な指示（やってもらうこと）も変わってきます。

その役割に応じた動機つけをどうするか、成長を可能にするような場づくりやさまざまな支援はどうするか、そういったことも変わってくるでしょう。

その結果、教えようしている対象が、実行してくれて、動いてくれた場合には、その結果をレビューして仕事力や人間力を向上させるように働きかけます。

それを受けてさらに実行しよう、動こうとしてくれる場合には、さらなる成長へのアドバイスや、成長へ努力する過程で出てくる葛藤の解決策、そして精神的緊張のほぐし方などを示します。

そして、ある一定段階まで成長が認められたら、その与えた役割をその人の後任に上手に引き渡せるかどうかまで支援することになります。

実は、この最後の後任に委譲する段階が、最も教育的効果が高まる瞬間でもあります。人は、人に教えることで、教えられることが多いものだからです。

ここまでが、人材育成のその段階から次の段階まで行かせる手順です。

こうした過程で最も大事なことは、**どんな言葉をかけるか**です。

どんな言葉が一番気づきに役立つか、必死で見つけたり考えたりするから、あなたも成長します。

そして、ぴったりの言葉が見つかったときに、人はしっくりきて、自分を励まし、そして成長していくのです。

「あのときの言葉がなかったら今の自分はありません」と言われることほど、うれしいものはありません。

ぜひあなたも、そして部下である課長にも、そう言われるような育成を心がけてください。

Point - 31

人を強制的に育てることはできない。決定的な気づきを与えることがあなたの仕事だ。

9

先人の知恵を大いに活用しよう

人を育てる格言や言葉として有名なものに、次のものがあります。

「やってみせ、言って聞かせて、させてみて、ほめてやらねば、人は動かじ。話し合い、耳を傾け、承認し、任せてやらねば、人は育たず。やっている、姿を感謝で見守って、信頼せねば、人は実らず。」（山本五十六）

「人材を育てる方法はただひとつ。仕事をさせ、成功させることである。その成功経験（体験）が人を育て、さらに大きな仕事をさせる。」（西堀栄三郎）

「長い目で見れば、目標を課し、規律をもって鍛える厳しい上司によって、部下は

はるかに伸びていく。」（稲盛和夫）

皆さん、自分が上司として、部下と真剣に向き合った結果体得された言葉なので、大変な深みを感じます。

いずれもまず育てる側が主体的に動き、それに部下がいかに応えたかを、身をもって言葉にされています。

このような言葉も、時に人材育成の大きなヒントになります。ぜひ皆さんが好きな言葉をいくつか覚えておくとよいでしょう。

さらに人が育つ発育段階を記したものに、明代の儒学者・呂新吾（りょしんご）による「呻吟語（しんぎんご）」の中に書かれた3つの資質が有名です。

まず人は**聡明才弁**（そうめいさいべん）（頭がよくて才能があり、弁舌が立つこと）が重要だ。

それができるようになれば、**磊落豪雄**（らいらくごうゆう）（物事にこだわらず、器量があること）が望まれる。そうなれば今度は、**深沈厚重**（しんちんこうじゅう）（物事を深く考え、見識があり、公平無私な徳を備える）を得るとあります。

まずは徹底的に勉強し知識を得て、賢いと言われるようになることが先決。

そしてそれで認められたら、いろんな経験をすることで大きい人間と言われるように努力し、そう言われるようになれば、その後で、物事の本質を会得することで人間の深さを身につけるようになる、ということでしょう。


この発達段階を表したもので私が大切にしている考えに「人生ＶＳＯＰ」という考え方があります。

人間若いうち（主に10代）は、**Vitality**（バイタリティ）を作るために精神と体を鍛えよ。

20代になったらその Vitality で、自分の **Specialty**（スペシャリティ）つまり専門性を作れ。

そして30代になったら、その専門性 Specialty を武器に **Organizety**（オーガナイズティ）、すなわち組織を動かす力を身につけろ。

そして40代になったら、その Organizety を動かしつつ、50代で使う **Personality**（パーソナリティ）すなわち個人の力、つまり会社の名前を使わず自分の力で仕事ができる力を磨けというものです。

40代のOは、Originality（独自性）と言う人もいますが、私は、Organizety（Organazetyは造語です）の方が私はしっくりきています。

ここで言う専門性はある意味営業課長、組織を動かす力は営業部長、人間力は営業役員を連想させるからです。

そしてビジネスの役職を超えて60代になったらVSOPを超えた「ナポレオン」のNということで**Nothing**（ナッシング）、つまり自我をなくして社会に貢献せよ、となります。

ぜひ参考にしてみてください。

Point - 32

人材育成に関する言葉や定義をいくつも持とう。先人の知恵を活かさない手はない。

10 営業部長の成長こそが、営業部の成長だ

営業部長が「人をどうやって育てるか」を語るには、どうしても避けて通れないことがあります。

それは、**「自分自身をどうやって高めるか」**ということです。

例えば、営業という専門性を特殊技能ではなく、科学できるものとして認められるように研鑽し、製造や人事、また経営の知識を身につける。

その知識と連携してまた営業を科学する。その過程で自身の人間性を高める。

結局は、そうした努力こそが、人を育てるということに最も早く、確実につながっていくのではないかと思います。

営業という仕事が、セールスからビジネスメイキングに変わりつつある今日だか

らこそ、営業部長であるあなたが挑むべき仕事は大いに価値のあるものとなっています。

それを科学して、いろんな部署と連携し、外部との接触を試み、新しいビジネスを作り出すことに没頭する。

そこへ、営業課長や他の部下を巻き込む。

このことこそが、今あなたに与えられた最大の人材育成装置であり、営業部長の仕事の醍醐味です。部下への気づきはもちろん、あなた自身の成長もそこから大きく得られることでしょう。

そうです。今、営業部の成長こそ、会社の成長に最も関わると信じて、心してかかってください。

Point - 33

結局、自身を高めることこそが一番の人材育成になる。あなた自身を徹底的に高めよう。

11 営業課長の数字の見方

目標数字と結果との差分から営業課長の評価をフィードバックをする営業部長が多いと思います。

しかし、営業課長に「適切な数字の見方」をしっかり教えている営業部長は意外なほど少ないものです。実際に私は、ほとんど見たことがありません。

しかし、それこそが自部署の生産性を上げる大きな手立てとなります。

もしご自身がしっかりした軸をお持ちなら、それをわかりやすく解説してあげるようにしてください。

まず、営業課長にとって大事なことは、自部署の年間目標の達成であることは言うまでもありません。

その目安として、月間や四半期の目標のクリアがあり、その手段としてメンバーの個人目標の達成の集積があります。

全員の成長や数字に対する成功体験という意味では、個人の年間目標を達成させることが重要です。

とはいえ実際のところは、月間や四半期を疎かにすると全体の（自部署の）ブレ幅が大きくなるので、それは心の中にしまっておいて、なるべく短期間での目標をどう達成するかに注力する人が多いのではないでしょうか。

もちろん、それはそれで構いませんが、その場合、営業プロセスごとの数字やその推移をしっかり確認することが必要です。

営業課長は、自組織の数字（結果）に責任を持つこと以外に、自組織のパフォーマンスを最大化するというミッションがあります。

営業活動へのアドバイスや、自身のビジネス自体の状態を見極めたり、組織の改革に活かしたりしなければなりません。

短期的な数字の詰めだけでは、課員との関係性が悪くなったり、彼らのモチベーションを下げたりすることにもつながります。

生産性を上げようと思えば、個々の活動が自組織にどう影響を与えているのかを分析・説明し、彼らの行動の源である「納得」を生み出さないといけません。

最近では、MAやSFA、そしてCRMなどのツールを導入される部署や企業が多くなっているため、そうしたものを分析に使います。

この「分析」を、部下の仕事と逃げたり、業者任せにしたり、ましてや諦めたりしてはいけません。

このような変化が激しく複雑な時代において、自組織の分析なしに営業部自体の生産性を上げることはできないでしょう。

ぜひ、今一度しっかりと学び直しをしてください。

Point - 34

営業課長に数字の見方を教えるのは、営業部長の仕事。営業課長の我流に任せないようにしよう。

12

営業部長の数字の見方

多くの営業課長は、目標に対して結果までの確率をＡＢＣで表わし、その足し算が目標を超えるかどうかを管理しています。

ただ、これだけでは、営業活動の推移がわからず、アドバイスは、個々の商談内容に対してどう動けばよいのかにとどまってしまいます。

これでは、当該営業パーソンの営業活動に対して、いいアドバイスはできないでしょう。

そこで、リスト、アプローチ、商談、見積もり、受注、アフターフォローと営業活動を段階に分けて、その推移を見るということをする営業課長が増えてきました。

もちろん、ビジネスのあり方が違う、大事なポイントが極端にプロセスに現れる場合は、営業活動の分け方を変えても構いません。

例えば、リスト、アプローチ、関係構築、課題把握、ソリューション提案、受注調整、アフターフォローと言うように商談の中に明確にもっと細かい段階があるという場合（商談金額が大きい場合に多い）は、そのように把握した方が合理的な場合もあります。

とにかく、営業活動を点でとらえるのではなく、線あるいは「波」でとらえることが重要なのです。

オーソドックスな分け方で言えば、アプローチと商談と見積もりの数を表す波形がどのように変化していっているかを見ることによって、営業活動の調子全体を見ることができます。

その波形が理想の形に近づいているのか遠のいていっているのか、それを判断し、一緒に原因を追究します。

私の経験では、極端にある段階の数字が落ち込むと、その2段階前に原因があることが多いです。

見積もり数が理想より極端に少なくなったとすると、段階の２つ前のアプローチの方法に問題がある、受注が少なくなると商談の進め方に問題があるといった具合です。

見積もり数を把握するときには、「件数×金額＝見積もり額」を見るわけですから、アプローチする段階で、顧客の年間予算の合算、もしくは、売上規模の合算が、彼の目標の間尺に合うかどうか、またその把握率を確認することで、適切なターゲットにアプローチしようとしているかどうかということもわかります。

また商談の進め方をチェックするには、私が提唱している取引拡大プロセス（東洋経済新報社『優れた営業リーダーの教科書』105ページ参照）が有効です。

顧客の動機づけ、好意的決裁ルートの獲得、課題の明確化と顧客理解、企画、提案の練り込みと具現化、課題の再生産と顧客教育ができているかを確認することで、確率の高い見積もりが増え、受注数も上がるというわけです。

Point - 35

営業部長の数字の見方は、営業課長とは違う。組織全体に影響を与える数字の見方の軸を持とう。

13 これからの「数字」の考え方・作り方

前項のように、営業数字を点ではなく、線、波で捉えられるように指導するのがあなたの役割です。

そして、部下に対して適切なアドバイスができるように営業課長を育てることも重要なポイントです。

このように、営業の数字は、その瞬間に起こっていることを把握し、前後の因果関係を探ることに最も力を注ぐべきだというのが私の意見です。

そして、上向きなのか下向きなのかを感じたら、上向くようにその打ち手にこそ力を入れる。

その積み重ねの濃さが営業活動の濃淡を規定します。

だからこそ、営業課長には、ＭＡやＳＦＡ（ＣＲＭを含む）の適切な見方を教え、組織に今何が起こっているのかを考えさせることが最も大切になります。

そうすることで、組織に対する打ち手の鋭さ、機敏さ、正確さを育てるのです。

例えば、訪問件数の増加が受注増につながると短絡的に考えている営業パーソンがいたら、見逃さず、少ない訪問件数でも丁寧に商談を進めることこそがそのビジネスに適した訪問件数じゃないかと探ったりします。

また活動量のバランスが極端（例えばアフターフォローをまったくしない）だから是正しなければと慣習的に考える人には、そうであるならば組織の形態を変えてアフターフォロー部隊を作ったらどうだろうかと新しい組織のあり方を考えさせたり、そんな柔軟な思考をする訓練をさせたりします。

こうしたことは、少なくともあなたがあなたの上司から求められている中期経営計画の無意味な数字を作るのに、いろんなシュミレーションをさせることよりは、よほど価値が高いものでしょう。

もちろん、長期（10年、20年先）で自社がどんな方向に行けばよいのかといった議論に巻き込むことは、一定の価値があります。

しかし、中期経営計画は、あなたが、もしくはあなたの上司が、その任期中にどこまで何をやるのかという「意思表明」でしかありません。

ならば、それは自身が自分の鉛筆を舐めながらやればよいことで、部下を巻き込むようなものではないはずです。

多くの日本の企業が中期経営計画を作成するのに、部下を巻き込んで時間をかけてやらせています。

こうした行為は、営業課長の数字を読む力、それを活動に活かす力、営業パーソンの大切な勘や、打ち手のバリュエーション、つまり実力をつける機会を奪うものだという認識が必要です。

Point - 36

「数字」から営業のあり方、組織のあり方を思考させるのもあなたの仕事。大事なその時間を奪うべきではない。

Episode-4

「営業部長・寺山真司の奮闘記」

前田は、寺山真司の父、慎太の墓前に手を合わせていた。前田は、慎太と大学時代の同じクラブの同級生で、その事実を真司はまだ知らない。

慎太は、日本で有数の造船会社の優れた技術者だったが、今でいう労災が原因でその後の病で命を落とした。その死の直前、親友だった前田にわが子の行く末を託したのだった。偶然前田に子供がいなかった。

「あの子は、技術者になるかビジネスマンになるかわからいが、まだ世の中を知らない。心残りだがこれもまた運命。もし、力になれることがあったらなってやって欲しい。」

「わかった。できるだけのことはさせてもらうわ。」

それが、前田と慎太との最後の会話になった。

あれから、ある取引でわざと真司にクレームを入れる形で近づき、それから何かとアドバイスをするようにしているのだった。

（慎太よ。おまえの息子は、実力でええ会社に入って、営業部長にまで上り詰めよったで。大したもんや。ただ、ビジネスマンとしては、もうちょっとかもな。お前が生きとったら、いろんなこと教えとったやろうけど……。もうちょっと俺が面倒みさせてもらうわな。）

前田は、真司の今の力を鑑み、真司にある宿題を出していた。それは、山田や辻田のほかに、営業課長を徹底的に育てるということだった。

しかも、自身の人脈継承の意味を込めて、できるだけ外部統合をしながらということだった。

部長の段階で最も大事な外部統合をできるだけやってもらいたいという気持ちがありつつ、彼を人間的に一段成長させるには、人材教育をさせることで、自分をもっと高めなければならないということに気づいて欲しかったのだ。

「前田さん、先日ご紹介の三笠電機の桜田専務にお会いして来ました。EVにどこまで興味があって、うちと本当に一緒にやる気があるのか、まず問いを立てて確認して来ました。」

「ほんで、どうやった。」

「桜田さん、なかなか本音を話してくれませんでしたが、最後に電池の劣化を防ぐことのできる特殊金属を鉄で実現できるんだったらぜひやりたいと仰ってました。」

「ほう。」

「僕のやりたい最先端の技術でのビジネスと合致しているので、ぜひやらせて欲しいと言って帰って来ました。」

「そらよかったな。」

「はい。早速社内の工場に当たりをつけて、できるかどうか確認しているところです。」

「そおか。」


前田は、本題に入る前に、真司の外部統合の話を一通り聞いていた。真司は、意気揚々と外で得て来たことを話すのだった。そして、一段落ついたところで、切り出してみた。

「ところでやな。この前言うとった山田改造計画の件は、どうなった。ちゃんと進んどるんか。」

真司は、部下の山田課長が新しいことにばかり挑戦し、自身のミッションをしっかり果たそうとしないことに苦い思いをしていたのだった。

「はい。営業課長のミッションは、営業の結果を残すこと、自部署のパフォーマンスを最大化すること、方針などのルールの徹底だとしっかり話しました。幸い、僕がやって来たことでしたし、それを彼は傍で見ていたので、納得はしてくれていると思うんですが。」

「思うんですがはええけど、それで実際に変わったんか、彼は。」

「そこなんです。今まで、新しいことに挑戦することで存在感を示して来ましたから、恥ずかしいんでしょうかね、地に着いたことをやるのが。なかなか変わりません。」

「そやろなぁ。」

「はぁ。」

しばらく沈黙がながれた後、

「おまえさん、人を変えるちゅうことはなかなか難しい。どうするのが一番ええか、どう思う。」

「そうですね。心から納得してもらう以外にないですかね。」

「でも、それはしとるんやろ。でも変わらん。」

「変わらないということは、やっぱりしてないんですかね。」

「そやない。人はわかっとっても変われん。そういうもんや。」

「人を変えるって難しいですね。」

「じゃ、聞くが、君はなんで外部統合をやる気になった。そんでここまで続けとるんや。」

「それは、もちろん前田さんが、その重要性を教えてくださったからですよ。」

「そおか。最初は、なかなかやらんかったやないか。」

「確かにそうでしたね。よく考えてみると、僕がやり始めたのは、前田さんが、次から次へと偉い方をご紹介くださったから、そのうちいつの間にか習慣のようになっていったような気がします。」

「そうや、それを君はどう考える。」

「なるほど、その後も、いちいち君の問いかけはなんやった。それで何を掴んだと繰り返し聞いてくださって、今ではそれをはじめから考えるようになりました。」

「ただ、君は勘がええし、向上心がある。そやから、その程度で変われたんかもしれん。ほんまやったら、人は、やってみせ、言って聞かせて、させてみて、ほめてやらねば、人は動かじと言うぞ。」

「山本五十六元帥の言葉ですね。」

「そや、君はまだ、言って聞かせただけで、やってみせてないし、させてみてもしてないんとちゃうか。」

「確かに。でもやってみせることやさせてみることは、何か越権行為になるような気がするんですが。」

「ほな、わしが君にやったことは越権行為か。」

「前田さんは、本当に有難いことに、どうしてそこまでやっていただけるのかわからないくらいにやっていただいているので、ついついこちらがやろうと言う気になってしまうんです。」

そう話しながら、真司はあることに気がつき出していた。

前田のやってくれていることは、ただ単なる紹介ではなく、すべてのお膳立て、つまり相手も気持ちよく応じてくれるように、その相手は、十分な時間を取り、話す中身もいい加減にならないように言い含めてあるような段取りがなされているように感じていた。

仕事はやるならそこまで細かくやらないといけないということを教えてくれていると感じると同時に、そんな手間をかけることで、前田自身も自分の人脈を整理しているようにも感じていた。

こんな手間をお願いすることで、彼自身は何かを返せるのか、つまりこれからもその人と縁をつないでいく価値があるのかどうかを見極め、あるならさらにその縁を深めていこうとしているようにも感じていた。

これこそが、さらなる高見をということに違いないと。

「前田さん。なんとなくですが、わかってきたような気がします。今まで、私は、口で納得させようとばかり考えていました。そうすれば変わってくれると。」

「ほお」

「彼を変えるための努力というか、自身が一段上がることを怠っていたような気がします。

外部統合は続けますが、彼と一緒に、数字を作ったり、部下をよくすることをやってみます。」

「おお、そうか。」

前田も、真司の目が輝くのをみて、彼の成長の手応えを感じるのだった。

（今度こそ、一皮むけるかもしれんぞ。慎太よ、見守ってやっていてくれよな。）

第5章

これからの営業組織の考え方

1

営業組織の目的は、「売上数字」なのか？

そもそも営業組織とは何でしょうか。

「企業の存続を図るために、売上や営業利益を出し続ける、もしくは拡大する組織」というのが一般的な考え方ではないでしょうか。

だからこそ、売上を上げるためにはどうしたらいいか、営業利益を出すためにはどんなことが望まれるかを教示する、そんなコンサルタントや研修講師がたくさんいるのも事実です。

しかし、私が考える営業組織は、考え方が少々違っています

私の営業に対する解釈は、**「セールス」ではなく、あくまで「ビジネスメイキング」**だからです。

野球を例に考えてみましょう。

営業組織とは何かについて、営業利益などの「数字」に求める人は、野球における「数字」こそが野球を成立させ、それを追い求めることが第一だと言っているのと同じに思えてならないのです。

確かに打率やホームラン数、勝ち星や防御率など、それぞれの「数字」は当然大切なものです。

しかし、とりわけプロ野球は、選手の名プレーやチームの激闘をファンが観て感動し、球場に足を運んで、またはテレビを観戦し、応援することで成り立っています。

ならば、そのすごいプレーや激闘を作り出すことこそが大事なのだと言えないでしょうか。

そのプレーの積み重ねの「結果」である数字を、それ自体を作り出すために、身体を鍛えろ、打ち方がどうだ、数字を残さないとこの世界で生き残っていけないというようなことを第一義に語るのには、極めて違和感を覚えるのです。

数字を第一義にすることは、本末転倒なことだからです。

会社の話に戻せば、その会社がどうありたいか、何をしたいのかが最初にあって、それを成し遂げるために動くのが営業部隊です。

ですから、**売上や営業利益を上げるのは、そのための「手段」であって、「目的」ではない**のです。

大リーグで活躍する大谷翔平選手が、かつて二刀流を目指すと宣言したとき、プロの世界はそんなに甘くない、ピッチャーかバッターかどちらかに専念した方がいいと、多くの評論家の人たちはその夢に反対しました。

そのときよく語られたのが「普通に考えて」という言葉です。

「普通に考えて、両方で結果を残すのは無理」というわけです。

ところが、日本ハム球団と栗山英樹監督（そして評論家の中では落合博満氏）だけが、「その夢をどう支援できるかが、監督やスタッフ、また球団の役目です」と言い切りました。

私は、このとき、これこそが、営業部隊の本来の姿に通じるものだと思いました。

つまり、**会社がやりたい夢やありたい姿、すなわち「思い」をどう実現するか、それを徹底的に考えサポートすることが、何より大切なこと**なのです。

そのために、知識を集約し、習慣を変え、能力を磨く。戦略を描き、戦術にして実行する。それが本来の順番です。

もちろん、そのためには、売上拡大や営業利益も必要でしょう。その手段に、コストの削減や人員整理もあるかもしれません。

今や、まさにそんな「普通に考えて」の売上や営業利益の数字の大小よりも、**その企業がやりたいことやユニークな世界観、また、その世界観から作り出される商品やサービスに、顧客が共感するかしないかで、その企業の存在意義が問われる時代になった**ということではないでしょうか。

それが証拠に、プロ野球の世界で言うと、大谷選手の挑戦こそが顧客（ファン）の感動や憧れを生み、ビジネスとしてのプロ野球を発展させているのであって、彼の打率やホームラン数、勝ち星や防御率はあくまでも二次的なものなのです。

確かに、数字を残さないとオミットされる厳しい世界であることも事実です。そのことは重々わかったうえで、それでもなお大事なものがあるということを彼が見事に証明しています。

企業の生業を営む、もしくは作り出す営業組織とは何かという問いに、彼が適切に代弁してくれていると私は思うのです。

Point - 37

営業を語るのに、営業数字は二次的なもの。まず、顧客に共感してもらい、信頼を寄せてもらうことを考えよう。

2

「数字を上げる組織」の呪縛を解け

先日ある有名な出版社のコラムに、日本製鉄とＪＦＥホールディングスの稼ぐ力の違いとする、次のような内容が紹介されていました。

２０２３年３月期第３四半期の事業利益は日本製鉄が７６１８億円（前年同期比２・４％増）で３四半期累計で過去最高だった一方で、ＪＦＥホールディングスは２３１０億円（同28・４％減）の大幅減益で、日本製鉄の頑張りとＪＦＥの体たらくを揶揄する記事でした。

もちろん、その後で、どうしてそこまで差がつくのかを、海外の収益力の差や、構造改革の差を分析して、その根拠を示していました。

ただ、この記事を見て感じたことは、数字をベースにして企業活動を評価することに対する違和感です。

この記事だけではなく、日本経済新聞などの記事を見ていると、その多くがこのような展開（数字がよいと企業活動を評価し、数字が悪いと企業活動に問題があるという展開）になっていることに気づきます。

それを読む我々読者の方も、その展開を大した思考もせずに信じ込み、その結果株価などに反映させてしまっている「癖」がついていると思います。


「結果がすべてを物語る」と言わんばかりの論理展開は、「目的」が同じ場合にこそ成り立つ発想です。

そうしたところからいまだに抜け出せないマスコミや我々の思考回路が、営業組織イコール売上や収益を稼ぐ部隊と考えてしまうことに、本来的に考えるといびつで、もはや「呪縛」と言ってもいいほどのものに思えてくるのです。

断っておきますが、私は営業組織は収益を稼がないでよいと言っているわけではありません。もちろん、収益は企業活動にとって大切な柱です。

今の役割分担を合理的な分業の結果（成れの果て）とするなら、むしろ「営業組織は収益を稼ぐ部隊だ」と考えることは自然なものでしょう。

しかし、そもそもの役割分担が変わっていて、「収益を稼ぐのはもはや全員の仕事だ」というのが私の主張です。

ですから、営業組織は、本来の業を営む、つまり、**「自分たちがやりたいこと、あるべき姿を体現するために先頭に立って活動をすることを主眼にするべき組織だ」**という論理展開になるわけです。

もしそうだとしたら、これからの営業組織は具体的に何をするところなのか。どんな姿が理想なのか。これからの営業組織が挑むべきことを述べていきます。

Point - 38

営業組織が、売上を上げ、利益を稼ぐ部隊だという思い込みは、高度経済成長期の慣習で、もはや呪縛だ。そんな思い込みは捨てよう。

3 これからの営業組織が挑むパラダイムシフト

まず、最初に挑むのは、**今まで営業組織が負ってきた数字の責任をなくし、全社の責任として置き換えること**です。

これは、年間の数字はもちろんのこと、四半期ごとの数字を全社で負うということです。この数字を達成しなければ、流通や製造部門はもちろんのこと、人事や総務も給与やボーナス査定に影響するということです。

数字をみんなで追いかけるという行為は、会社のやりたいことやあるべき姿、つまり「思い」を全社一丸となって成し遂げることこそが大事と考えることに一見矛盾しているように感じますが、**際立った分業体制をいったんご破算にして、全社協力体制を作ろうと思えば、このくらいの劇薬的行為が最も効果的**かと思います。

そんなことをしたら、それぞれが深く取り組まないといけないことが疎かになり、今まで取り組んできた継続的なこと、その部門の「思い」がそれこそ無茶苦茶になりかねない、という懸念を抱く人も少なくないでしょう。

例えば、流通であればロボット利用による生産性の向上、製造であればCO_2の削減による企業価値の向上、人事であれば人的資産運用、経理部門であればオールデジタル化で管理コスト削減など世間的に今どうしても取り組まないといけないと言われている大事な課題を営業数字を追いかけることと同時にできるわけがない。

分業化しているからこそ、他社に後れを取らなくていいような価値創造をそれぞれの部門でやれているんだ。せっかく作ったジョブ型の人事制度が崩壊する。

……などと一気に非難が集中し、いったんそうしたとしても、元の分業体制に逆戻りか、逆にさらに部門ごとの壁（鎧）を強固にして、この取り組みの永久阻止を図ろうとするそれぞれのお山の大将の存在を容易に想像できる会社が多いのではないでしょうか。

そして、そんなことを提唱してきた営業部長に、じゃお前は何をするのか具体的に示せ、示したところで、その内容が全社協力の橋渡しなんて甘いことを言おうものなら、誰が協力してやるものかと怒鳴りながら、この責任回避野郎と吊るし上げられるのが落ちというところでしょうか。

結局、それがたとえ社長命令だったとしても、利益は全社でもいいが、収益（売上）は営業部門が担うべきと妥協の産物に何としても押し戻す力が働くでしょう。

でも、よく考えてみてください。

それを非難しそうなそれぞれのお山の大将が、では、今の低迷している業績を一変するようなイノベーションを起こせているでしょうか。

他社に負けないような（他社を凌駕するような）価値創造をしてきたでしょうか。

多くの人が、否、という状態であるに違いありません。

逆に多くの人が、部門の専門性に安住し、至近な世間的課題に取り組んではいるものの、これと言って抜きん出るようなことはできず、他のお山の大将の努力と微差の評価に、これで取締役への道が開けたと一喜一憂しているのが関の山です。

私がなぜ、このことから申し上げたかと言いますと、「これからの営業組織はこうあるべきだ」と提唱しても、既存の分業体制がそのままでは、その提唱する組織が機能しないからです。
その意味では、営業組織の最初の挑戦は、今までの最大の慣習を打破することにあると言えます。それは、他部門の、いや全社の挑戦と同じということにもなるでしょう。

Point - 39

営業数字を営業部隊からなくし、全社で追いかけるものとしてはどうか。これからの時代、組織を変えるには、そのくらいのパラダイムシフトが必要だ。

4 顧客接点でやるべきことの再構築が必要だ

営業組織が、その次に挑まないといけないこと、それは**すべての顧客接点において「やるべきこと」の再構築**です。

営業数字が「全社の数字」になったからといって、顧客接点を担うのは営業組織であることに変わりはありません。

私は、営業はいらない、営業組織はいらないとする考え方には反対です。

まずは、〝分業意識〟を取っ払うという意味で、営業組織から営業数字を取り除く提案はしましたが、各企業が自分がやりたいこと、またあるべき姿、つまり企業の「思い」を実現するための顧客接点そのものは変わらず存在します。

そこを科学し、一番適切にしていくために営業組織は必要だと考えます。

具体的には、顧客情報の収集、企業や商品・サービスの認知の拡大、顧客へのアプローチ、見込み客の獲得・育成、関係構築、商談進行と顧客選別、受注調整と契約、導入支援と運用促進、クレーム処理、顧客教育と再契約など、多岐にわたります。

これらの細部に、特に行動習慣として組み込むことに、それぞれの会社のやりたいこと、あるべき姿、企業の「思い」の息吹が吹き込まれます。

その企業の「思い」を成し遂げるために、顧客との関係構築が大事だと考えるなら（顧客単価が大きい場合に多い）、関係構築のための行為を細分化して、そこのパフォーマンスを最大化することを考えないといけません。

また、顧客の認知拡大や顧客教育が大切だと考えるなら（顧客単価が小さく商品サイクルが短い場合に多い）、マーケティング手法を細かく整理し、状況変化を細かくとらえ、それぞれの打ち手の最大効果を常に追い続ける必要があります。

このように、営業が行う顧客接点から、全社を巻き込んで「会社の思い」を成し遂げる、あらゆる行為が動いていきます。
あくまでもそれは、全社で行うことです。そのため、これらの活動の最後に結果として現れる数字を、全社（全員）が負うべき数字であると述べたのです。

もっとも、これら顧客接点に現れる〝効果を測る数字〟は、その後の全社の巻き込み方に大きく影響を与えるため、当然営業組織が責任を負うべきものと考えています。

例えば、サッカーで最近よく耳にするのが、そのプレイヤーやチームの強さを測るうえで、シュート数やパスの数だけではなく、選手個々の走行距離や位置取り、パスの出し方などを数値化し、その選手の本当の力、また活かし方を測ることができるようになったという評価の科学的進化です。

それらと同じ考え方をＭＡやＳＦＡを分析することで取り入れれば、営業組織においても先に示したプロセスにそれぞれの営業パーソンがどう貢献しているか、また得意とする領域や育成しないといけないことなどがわかってくるはずです。

さらに、他部門をどう巻き込んでいるかもわかりますし、逆に、他部門が顧客接点にどう貢献しているかもわかるようになるでしょう。

これからの時代、**最終的な営業数字だけを見て、その営業パーソンや組織の評価をするなどということは、もう時代遅れの古臭い考え方**だと言えるでしょう。

Point - 40

顧客接点の活動を読み解くのに、デジタルツールを使って分析する力をつけよう。そうすれば部門間連携も科学できる。

5 誰がどんな役割を担うか、はっきりさせよう

前項において、顧客接点の見直しを提案しました。

そして最終的には、その会社の「思い」に貢献するために、それぞれの役職（役割）においてやるべきことを確立して欲しいと思います。

例えば、**営業役員**は、社長やみんなでどんな会社にしたいのか、またどんな会社であるべきかを考えます。すなわち会社の「思い」を受けて、我々の商品やサービスの何で共感と信頼を得るかを必死で考えるのです。

それには、どんな知識が必要か、どんな習慣を根づかせるのか、どんな能力を磨くべきなのかを考えて、その実現ストーリーに従って戦略を考え、戦術に落としていきます。

その一部分として、どんな営業数字が理想かを考える。つまり、何をどの程度売りたいかがあっていいのです。

そして、最終的にそれらがうまく回って事業が確立していっているか責任を持って見定めます。

営業部長は、会社や役員によって明示された「思い」を実現する組織知（それ以外に自分で必要と思えるもの）を実際に得に行く、営業課長と一緒にそれを実現するジャストフィットな習慣を根づかせるには何が必要かを考えたり、唯一無二になるための能力を磨く材料を得たり、部員を訓練する。

そのための手立て（アイディア）、提携先（M&A先）はないか、いい代理店はないか、いい人材はいないかを外部に徹底的に求めていきます。

営業課長は、前述のプロセスの数字（結果）が最もよくなるように、それぞれの組み合わせや訓練方法（プロセス）を考える。

さらに、上位方針や社会的ルールなどが徹底されるようにしつつ、メンバーのことをよく知り、そのモチベーションの向上や維持にも努めていきます。

実はこれらの活動は、ＭＡやＳＦＡを取り入れ、先ほどのサッカーのような評価の進化系を使えば、数値化して見ることも可能です。

Point - 41

これからの営業組織は、役員、部長、課長の役割の確立で、さらに時代に合うように進化させる。それぞれの役割は、機能別であり、延長線上にはないものだ。

6 社内の「代表チーム」を作ろう

これからの企業が究極的にやらなければならないことは、企業の「思い」を実現するために、組織が連携を図り、その「思い」を体現するような商品やサービスを作り、デリバリーすることです。

そして、その明確な「思い」を中心に、全部門が必死になって動くことこそが、企業のあるべき姿になります。

その象徴として、全社・全部門で営業数字を全部門で追いかけるのです。

ただ、やっぱり、それぞれの工程（顧客接点、商品企画・設計、生産企画、製造、デリバリーなど）や機能（人事、総務、広報、経理）がうまく整合性を取れるのか、上手に機能させつつ有機的に結びつくことができるのかということに、疑問が残るという人も少なくないでしょう。

そこで、私からひとつの提案があります。スポーツにおける日本代表のように、それぞれの部門から代表選手を選び、社外に公表するという制度です。

各部門から最もその部門の機能を果たしてくれそうな人を選び、チームを組むのです。その際は、役員や部長など、その部門を本当に代表している人である必要があります。

そして、常にホームページ上にその陣容を載せて、社外から持ち込まれる重要な案件は、すべてそのチームで対応するようにするのです。

当然、そのチームの活動は、全社で見える化されていますし、下手な動きをしようものなら、全社員から相当なヤジとバッシングを受けることになります。

逆に、重要なプロジェクトを成し遂げた折には、称賛の的にもなり得ます。

もちろん、その実力の発揮具合やチームを乱す行為によっては、即時交代もありです。

それを決めるチームの監督は社長です。

会社の各工程や機能の代表たるべき人が、その企業の「思い」を実現するために、顧客から持ち込まれた重要案件にどう立ち向かっていったのか、この軌跡が社外にも公表されれば、その企業の評判になっていきます。

それによって社外からのアクセスもしやすくなるはずです。

報酬も、今までのように役員や部長が高いということではなく、その代表が一番もらってよいでしょう（役員や部長と重なっても当然よい）。

とにかく彼らの動きこそが、各工程、機能の個の動き、整合性を取るチームの動きの模範となるわけですから、彼らを目指す他の社員が真似て、彼らがやらない案件にもだんだんとその動きが浸透していくはずです。

これがわが社の今の代表だということを社内外に示し、その企業の「思い」に共感した顧客から持ち込まれる案件に、最も有機的につながり、結果を出す。

このことは、その企業の実力を最大限引き上げていくことにつながることは間違いないと思います。

またこうすることで、各部門が本当に連携できるのか、整合性が取れるのかといった疑問は、この代表の動きを修正していくことで間違いなく解消していくことになります。

Point - 42

自社で最もパフォーマンスを発揮できる代表チームを作ろう。その活動を公にすることで、社外からの接触もよくなり、こちらの実力も飛躍的に向上する。

7 営業部長こそが「社内連携」の柱だ

このようにこれからの営業組織が挑むことは、その企業のやりたいこと、あるべき姿、つまり「思い」を成し遂げるために、各工程と機能、つまり組織を連携させて顧客接点に向かわせることで、自社のアウトプットが最高になるようにすることです。

その先頭に、営業部長は立つのです。

そしてそのそれぞれの動きが見える化されることによって、そこに必要なスキルやナレッジが明確になり、働く側の参加意識を高めます。

この企業の、このビジネスの、この部門に関わると、どんなキャリアが身につくのかも、明確になるということです。

今までのように営業組織だけが結果責任を負うことはなくなります。

また、各部門間に壁ができ、役員、部長、課長というタテ社会を強く維持することで、その企業が持っている一番いい実力を社外に発揮できない状態を作る「悪癖」に立ち向かいます。

営業部長は、営業数字の番人であるという自覚を捨て去ります。

営業課の結果や、営業課長の行動管理という今までの慣習を捨て、自分が属している組織の「思い」の実現のために行動します。

社内連携を意識して、社内連携を推進する外部との接触を積極的に試みる存在になっていくのです。

前述のように、優れた営業課長を育てたうえで、自部署以外との連携に最もこだわらなければならないのは、外部統合の役割を担っている営業部長です。

営業部長こそが、社内連携の柱なのです。

Point - 43

営業部長こそが、外部統合の役割とともに、社内連携の柱だ。顧客接点に全社員を集中させよう。

8

組織変革の「最初のステップ」を作れ

企業は、永続的な成長や存続を目指す以上、常に状況に合わせて組織の風土や体制を変革させていく必要があります。

特に、外部環境が大きく変化したときや、新たな会社の目標（思い）を立てたとき、はたまたM＆Aや合併をして企業の陣容を変えざるを得ないときなどは、必須になります。

組織文化や習慣、社員の意識だけではありません。人事制度や評価、人員配置やシステム、場合によっては、就業規則まで変えることが大事になってきます。

ただ、人は未知のものや変化を受け入れず、現状維持を望む「現状維持バイアス」を持ちます。また長期的な利益より直近の損失を嫌がる傾向を持っています。

したがって、本能的に「変えること」に対して抵抗を受ける可能性があります。

頭では変えなければとわかっていても、面倒くさいとか、やって何になるという心理が働き、今までの慣習から抜け出せないのです。

さらに、変革を推進すべき部長や課長などのリーダー層が、リーダーとしての能力を欠いたり、当事者意識に欠ける場合は、変革自体が腰砕けになる可能性もあります。

また、リーダーたるべき人が、無配慮な伝え方をすることで、「私たちには何のメリットもない」「何でこんな忙しいときにやらねばならないのかわからない」という雰囲気ができ上がってしまうこともあります。

そうなってしまうと、そこから再度変換モードを醸成するのは、並大抵のことではありません。

ですから、営業組織を変えようと思えば、営業部長の役割が非常に大きく、営業課長と協力して、最後までやり切る覚悟を持って臨まないといけないのです。

通常組織変革をやろうとすれば、まずは共通の強い「思い」を持ち、危機意識を持たせ、それをことあるごとに発信することで機運を醸成するものです。

制度や仕組みを変えると同時に、マインドも変えるよう努め、変化を推進した功労者を高く評価し、変革の効果を小さな変化でも成果として報告し続ける。そんな手順になるでしょう。

また、「思い」を成し遂げるには、営業手段の改革も必要です。

しかし、はやりのMAやSFAなどの慣れないツールをいきなり導入した場合、それに精通した人材が社内にいないと（社外だとコストがかかります）、疲弊感が蔓延してモチベーションの低下につながったり、作業エラーが増えて無駄な時間（残業増加になる場合も）が多くなったりします。

できる人だけが勝手に事を進めるようになって雰囲気が悪くなったり、そのことで右往左往している間に本来の新規アプローチや顧客との関係構築の仕事が疎かになったりして、結局そんなものを導入するからダメなんだという揺り戻しにあう可能性すらあります。

ですから、教科書通りにやれば必ずうまくいくというものでもないということも考えておかないといけません。

私は、組織変革をする場合には、次の3つの段階をしっかり踏むことを推奨しています。

まず第1に、**外部の考えを取り入れたり、今までと違うことをすることによって組織に違和感を生み出します。**

これを凍って固まっているものを溶かすと言う意味で「**解凍のプロセス**」と呼びます。

例えば、私の研修を営業部長を対象にに行ったとして、「思い」という概念や外部統合の効用が彼らに十分に響いたとします。

そうなれば、それらの言葉を社内で彼らは意気揚々と使い始めるでしょう。ただ、このことは、組織全体から見れば異様な光景であり、違和感です。

「なんだあいつらは知らない言葉を使いやがって」「彼らだけでやたら盛り上がって

いるね」などと揶揄されることもあるでしょう。

そのうち、今度は営業課長クラスにも同じような研修を受けてもらい、同様の盛り上がりを見せることになったとします。

そうなれば、なんとなくですが、違和感があると思っていた言葉が、日常会話に頻繁に登場して、今度はそれが組織の普通になるという状況が生まれます。

外部環境の変化や今やらなければならないことに、その内容がとても合致していた場合などは特にそうなりがちです。

続いて第2段階は、**「変革のプロセス」**の登場です。

今までの考え方の癖や固まっていたプロセスが弱まったり、間違っていたんじゃないかという感じになり、新たに入ってきた違う考えやプロセスこそが是ではないかと思い始めたところで、じゃ、これからはどうするんだということをしっかり決めるのです。

そして、それを細部まで決め切り、トライアンドエラーを繰り返して、これがべストなんじゃないかとなったときに、次の第3段階に進みます。

今度は、**「定着のプロセス」**への移行です。

変革によいと思って、自分たちで決めて実行していることが、前の状態に後戻りしないようにしっかりと習慣化させることです。

組織は、行動を習慣化することで、しっかりした形を作れるようになります。

こう考えると、この3つの段階の最初、つまり、変革を始めるプロセスの最初、外部から新しい違和感を持ってくることが起点であり、最も大切なステップであることがわかります。

そう、これが営業部長の役割、仕事なのです。

Point - 44

組織変革は、解凍のプロセス、変革のプロセス、定着のプロセスを経る。いきなりは難しいが、最初の第一歩はあなたの仕事だ。

9 「人を見極める力」がキーになる

社会心理学者であった山岸俊男氏の『安心社会から信頼社会へ――日本型システムの行方』（中公新書）という本があります。

彼は、日本人自身が「集団的な心性」を持っているのではなく、「日本社会が集団主義的な行動を個人に実行させる構造を持っている」と喝破しました。そのうえで、社会が大きく変わっていく中で、その構造である「安心社会」を解き、「信頼社会」へ変われるだろうかと憂いました。

氏が言う「安心社会」とは、人を信頼しなくても、相互監視のような安心できる社会システムがある社会のことです。

人と人との関係の安定性があり、長期にわたる付き合いがあるため、わざわざ相手が「信頼」できる人間かどうかを考慮する必要がありません。

逆に、外部のものや人を使ったり、採用した方が、ずっとコストパフォーマンスよく実現できることも、それをしようとしない弊害もあります。


一方、「信頼社会」とは、人を信用することで、本人にとって有利な結果をもたらす社会です。

独立した個々人が互いに尊重し合うことで、未知のものでも積極的に取り入れることの疑念を解こうとする能動性を是とします。


前者は、まさしく終身雇用や年功序列という同一性を大切にするシステムに色濃く影響を受けた今の日本社会であり、後者は、さまざまな人種、文化、価値観から構成され、社会階層が絶えず激動してきた欧米（特にアメリカ）的な社会のことと考えることができます。

そして、日本は、不確実性を避けよう避けようとして、長期安定的な構造を求め、「安心社会」を選択してきました（おそらく江戸時代くらいからはこの選択をしてきたのではないでしょうか)。

しかし、大きく世の中が変わる局面では、私たち日本も「信頼社会」へ変わらないといけないというのが彼の主張です。

ただ、そうなるには、社会一般を信頼できる社会に変えていくこと、信頼できる人を見抜く人間性検知能力を上げていくことが同時に必要だとも述べています。

つまり、情報の透明性(情報開示)と、他者の立場に立って物事を考えられる力(認知的共感)、その役割期待を受け入れて、役割に沿った行動ができる力、またはそれと同等の理解ができる力(役割取得能力)が必要だということです。

企業が組織変革をするときにも、世の中の状況や外部環境の変化を敏感に察知して読み解く力と、社内の人間はもちろんのこと、組織変革に必要な外部の人の人間性を見抜く力を身につけなければいけません。

今多くの企業が置かれた環境は、まさしく年功序列のピラミッドで構成されてきた「安心社会」から、状況に合わせて能力のある人に役割を任せられる「信頼社会」に変えていく局面にきていると言えるでしょう。

つまり、営業部長は自ら外部統合を通じて、それらの環境変化を見据えた対応力を養うとともに、自分の部下にも折に触れて、世の中や外部環境の変化の情報を積極的に提供することが必要です。それとともに、人間性を養ったり見抜いたりする教育を施していかなければならないのです。

組織変革がきちんとできるがどうかは、その力が構成員のほとんどに備わっているかどうかにもかかっていると言えるのですから。

Point - 45

組織変革を成功させるには、あなたや部下の高い人間性を養い、また見極める力を同時に持つよう心がけよう。

10 組織変革に必要な準備と覚悟

営業組織を変えるためには、まず「どういうビジネスをしたいのか」を明らかにすることが大切でした。

その「したい」あるいは「するべき」とする強い〝思い〟を持ったうえで、**それをどうやって実行するか、実現するための方法を考えます。**

具体的には、理想の状態に比べて何が足りないのかを、知識、習慣、能力に分けて考えます。

それらのうち、これがないと「思い」を実現することはできないと感じる「**決定的な知識、習慣、能力**」を書き出してみてください。

営業部長の意思決定の視点から言えば、知識は、自らが習得し伝播するのがいいのか、外部から卓越した人を入れ、その人から伝播させるのがいいかを決めます。
習慣は、営業課長を含めた幹部から実践するか、プロジェクトチームを作ってそこから始めるかを決めてください。
能力は、あなたをはじめとした幹部から身につけ、すみずみまでできるようにするという決意が大切です。

そのうえで、組織変革が戦略として大事なのだという判断をしたら、戦略の一項目に明言して、その戦術を考えます。

戦術の中には、前述の**「解凍のプロセス」**を組み込んだり、**構成員の人間性向上や見極める能力**なども当然入れていくべきでしょう。

さらに定着を考えて、**人事制度**（職能資格制度からミッショングレード制へなど）や**評価制度**（絶対相対評価から絶対評価へなど）や**行動規範**などの諸制度の変更も視野に入れておくとよいでしょう。

組織変革はすぐに実現できるものではありません。**それなりの時間がかかり、大変な労力がかかるということを覚悟して臨みます。**

あなたがやりたいこと、またやるべきことに、どうしても組織変革が必要と考えるなら、どんなにその道が大変でも挑むしかありません。

ぜひ頑張って欲しいと思います。

Point - 46

組織変革には時間がかかる。戦略と戦術をはっきりさせたうえで、大変な労力がかかるという〝覚悟〟を持って臨もう。

Episode-5

「営業部長・寺山真司の奮闘記」

真司は、組織変革の真っただ中にいた。

外部統合の一環で、CO_2排出問題の学会に出席したときにある男に出会ったのがきっかけだった。彼の名は、アンディ・バーヘイゲンというオランダ系アメリカ人で、日本のコンサル会社で働いていた。彼は、妙に人懐っこくアメリカ人特有の明るさを持っており、真司に親しげに話しかけてきた。

「真司さん、あなたの会社は、伝統的な日本の企業ですが、組織の変革をどう考えていますか。」

「それは、時代に合わせてやらないといけないと思っているが、なかなかそうできない事情もあってね。」

「その事情って何ですか。もしよかったら、私に聞かせてもらえませんか。

きっとお役に立てると思います。」

　真司は、伝統的に製造優位な組織構造があること。営業組織にも複雑な商慣習がありそれをなかなか変更できないこと。上司が高度経済成長の成功体験で物事を判断しがちなこと。部下も優秀な学校を出てエリート意識が強く変革をあまり望まないことなど、社内にある硬直気味な組織体質をざっと話してみた。

「そうでしたか。予想通りです。あなたの会社は、ポテンシャルがあるのに低迷している。シェアも世界の中で落とす一方ではありませんか。」

「よくわかっているんだけど、なかなかきっかけがなくてね。」

「わかっているならなおさらのこと、あなたがその変革を成し遂げなければなりません。私に任せていただければ、そのお手伝いさせていただきます。」

　そんなやり取りがきっかけで、彼は真司の会社に1年限定でコンサル会社から派遣されることになったのだった。実はアンディ、あの前田から事情を聞かされ、真司を支えるように言い含められて、学会でわざと近づいて来たのだった。そんな事情を、まったく真司は知らなかった。

　真司は、まず、ハード面（組織の構造に関するもの）とソフト面（人に関するもの）とに問題を分けて、それぞれの関連を見ながら、どこから手をつければよいかを決めるアドバイスを受けた。

ハード面の戦略は、売上至上主義から「思い」（世界一の技術で世の中に貢献）が伝わるように変更し、組織は、課単位の役割分担からプロジェクト中心の役割分担に、そしてシステムは、人事評価を個人の絶対相対評価から、プロジェクトなどのグループ評価を半分以上取り入れる形に変更と決めた。

そして、ソフト面の価値観や営業スキル、また組織風土の変更は、アンディの指導の下、社内研修を繰り返して、とにかく機動力を身につけるよう手配した。当然それは、ライバル会社を意識してのことだ。

規模において劣勢が明らかになった今、こちらが生き延びていく手段は、工場と販売が一体になって機動力を発揮するしかないというのが、真司とアンディが出した結論だった。

「私にとっての驚きは、真司さんを支える部下が育っていないことです。この状態では、組織変革を実行したら、組織がバラバラになります。」

「とは言っても、変更するということでここまできたんだ。前に進むしかないだろ。」

「いや、その前に、やるべきことあります。あなたの腹心の部下育てましょう。」

確かに、これだけの変更を社内で先駆けてやろうとしているのだ。チームが一丸となって前に進まなければ、途中で空中分解するのは一目瞭然である。

「そうは言ってもなぁ。」

真司は、前田からの宿題で、山田や辻田、その他の営業課長を徹底的に育てるということを実行してきた。しかし、アンディの目から見れば、組織変革に耐え得るだけの実力は、まだまだだということらしい。組織変革で、最も難しいソフト面の変更を推し進めるのに、リーダーシップが欠けているというのだ。

確かに、真司は、課長としてマネジメントに必要な数字のことや行動分析の仕方などは教えてきたが、どうやって部下を引っ張るか、導くかについては、彼らの素養に任せていた。

当社は、もともと体育会や文科系サークルでリーダーとして活躍してきた人を採用基準に入れるような会社だった。当然彼らにもそんな素養はあるに違いないというのが真司の拠り所だった。

「アンディ、腹心の部下を育てるのに、何かアイディアはあるのかい?」

真司は、アンディに聞いてみた。

「あります。山田さんや辻田さんと一対一で飲みに行ったことはありますか。」

「昔はあったけど、コロナ禍以降はないなぁ。それに辻田は女性だし、誘ったらセクハラになっちゃうよ。」

「そんなことはありませんよ。ランチやお酒なしでミーティングを目的にした軽いディナーなら大丈夫です。」

「そうなの。」

「はい。それよりも、その目的を親睦を深めるというような浅いものにしないことです。彼らのことを事前によく調べ、彼らのキャリアを高めるのに何をしてあげられるか、考えてから臨むことをお勧めします。」

「なるほど。彼らを本当にケアしろということだな。」

「そうです。そのうえで、あなたのやりたいこととの一致点、探さなければなりません。」

「話はわかるが、どうしてそれが、腹心の部下を育てることにつながるんだい。」

「あなたは、部長としてまだまだ発展途上ですが、ひとついいところがある。それは、そのまだまだに気づき、必死で自分を変えようとしていることです。」

「恥ずかしいことだよ。」

「いえいえ、そんなことはありません。でも、それをみんなは知らない。知っていても、自分とは関係がないことと思っている。そこを変えたいと思います。」

「……？　それはどういうことだい。」

「つまり、あなた方は、自分のキャリアをよくしようということで仲間だという気持ち強くしなければなりません。その先頭に立っているのが真司さん。そのことに関してなら、何でも相談でき、自分を見せられる関係をつくりたいのです。」

真司は、いつも明るく、バカばっかり言っているこのアメリカ人の青年が、こんな情緒的な綿密さを持っていることに驚きを隠せないでいた。

「ほう。自分が努力していることに関して仲間にしてしまおうということだな。ということは、自分が自己開示をして、その目的や大変さを訴えなければならないな。」

「そうです。さすが勘がいい。」

「自分のキャリアを高める一貫として、組織変革に取り組ませれば、彼らの能力があれば、前向きに取り組ませることができるってことか。」

「ご明察です。私が腹心の部下と言った意味は、そこにあります。」

「こちらからやらせるというベクトルを、自分のために動く、もしくは私を動かすというベクトルに変えるということを意味しているかい。」

「その通りです。組織改革は、上からの圧力では成功しないのです。彼らの心に、どう火をつけるかにかかっています。」

「ということは、こっちの火が赤々と燃えているものを、無理にじゃなくて、向こうにも勝手に火がつく、伝導させるっていうイメージでいいのかな。」

「自己最燃焼理論、勉強しましたね。」

「じゃ、早速彼らのこと、もう一度人事部に掛け合っていろいろ聞いたうえで誘ってみるよ。」

「お願いします。」

数か月後、アンディのアイディアが功を奏したのか、山田、辻田などの営業課長が組織変革に前向きに取り組むようになった。

それぞれの営業数字よりも、会社全体としての機動力をいかに上げるか、そのために工場の生産企画とは頻繁に対話するようになっていた。

競合に対して、反撃の狼煙(のろし)を上げる日が近づきつつあるようにも思えた。

そして、1年の約束で来てもらったアンディとの別れの日ももう間近に迫っていた。

「アンディ、この一年、本当にいろいろと有難う。君のおかげで、何とか変革の入口に立てたような気がするよ。」

「そうでしたか。それはよかった。前田さんにもいい報告ができそうです。」

「やっぱり、そうだったたか。最初から何かおかしいと思っていたんだよ。やけに事情に詳しいし、僕のこともよく知っているから、前田さんが絡んでいると疑っていたよ。」

「はい。その通りでした。彼は、あなたのこととても心配しています。」

「有難いことだね。」

「その心配ついでに、私の置き土産として、もうひとつお願いがあるのですが、聞いていただけますか。」

「なんだい。」

　真司は、アンディの顔が急に引き締まったような気がした。

「私はアメリカ人です。日本のことはよくわかりませんが、組織変革を全うするには、人をもっと信頼できる風土をつくらなければなりません。信頼するには、その人が信頼に足る人なのか見極める力が必要です。」

「なるほど。それはその通りだね。」

「だからこそ、あなたの美意識をもっと磨いて欲しい。そして部下の人たちにもそのことを伝えて欲しいです。」

「美意識？」

「そうです。いいものをいいと見極める力です。日本人、もともとはあったかもしれませんが、今は欠けています。人に流されるし、そうせざるを得ない雰囲気があります。それを変えて欲しいのです。」

「……。」

「あなた方が、日本を代表する企業だからこそのお願いです。物事は合理的なことばかりでは進みません。世界から見ると、今の日本、ちょっと心配です。」

「ということは、組織の先端に顧客が感じてくれるような熱いものをぶら下げろってことかな。我々が鉄に込めた滲むような感覚が、顧客の共感を得るまで、自身を鍛えろってことを言っているのかい?」

「Develop an aesthetic.　そうです。その通り。」

(我々がもともともっていた感覚、思いやりや優しさ、すべてに神が宿るような美しさを取り戻せ、人間性を磨いてこそのビジネスであるということ……。)

真司は、アンディの言うことを聞きながら、この会社に入社を決めた高炉の焔(ほのお)を思い出していた。

何のために仕事をしてきたのか、焔の持つ意味に辿り着こうとして、ここまで来たのではなかったか。

論理を超えた感情を共有する先に、生きるということの深さに到達する。その深さこそ真の平和をもたらすのだ。皮肉にも、アメリカ人であるアンディにそのことに気づかされることになろうとは。言葉や文化の力を有した組織、それが織りなすビジネス。もっと教養も身につけなければ。新たな物語の始まりを予感させられる会話となった。

第6章

これからの営業部長の役割

1 最も大事な顧客は、営業部長が自ら担当する

これからの営業組織において、営業リーダーに求められる「役割」とは何でしょうか。そのことについて改めてまとめておきましょう。

今までの営業組織は、若手社員が担当営業先に張りつき、その取りまとめを営業課長が行い、最後の砦として営業部長が存在する、そんなイメージでした。

しかしそうした営業組織のあり方はもはや過去のものになりました。

仮に今でもそのようなイメージをお持ちであれば、真っ先に捨て去るべきです。

かつては、名刺交換キャンペーンやビル倒しの飛び込み営業を新入社員にやらせ、1000本ノックと言わんばかりに若手を鍛え上げるのが営業管理職の仕事などと

いう時代がありました。

そんな「無駄」を許容できる時代ならいざ知らず、これからの時代は、徹底的にデジタルツールを駆使して、その企業が持てる最高の力を顧客接点に注いで受注し、さらに顧客成功に命を懸けてリピートを取りに行く、超生産性重視の時代です。

競合との差別化の手段が「値引き」で、若手の安月給が全体の利益を支えてくれていた時代は、とうの昔に終わりました。

今はむしろ、**競合より高価格を設定し、その金額に見合うだけの高品質な商品やサービス（価値）を提供し続けることで、顧客成功を際立たせる時代**です。

顧客の唯一無二のビジネスパートナーになることで、顧客の取引コストを引き下げることに合理性がある時代なのです（このことはＢｔｏＢだけではなく、ＢｔｏＣにも言えることです）。

であるならば、一番難易度が高く、しかも利益が高そうな顧客は、営業リーダー自らが担当する。その次に難易度が高い会社は、その次に実力のあるサブリーダーが担当するというようにするべきです。
今までの陣容とは真逆の陣容、つまり**営業部長が先頭に立って、それを営業課長がフォローし、その営業課長を課員全員で支えるような陣容こそ、正しい陣容と言える**のです。

Point - 47

最も難易度が高く、高利益な顧客こそ、営業部長自らが担当すべきと心得よう。

2 燃える心と、陰徳を積む繊細さと

ビジネスメイキングの先頭に立つ営業リーダーの役割の中で、最も大事なこと、それは、**営業リーダー自身がそのビジネスに燃えていること**です。

熱い気持ち、そして執念にも似た強い「思い」を持っていることです。

ビジネスメイキングを成し遂げるために、日々実力を磨き、行動していることです。

熱は、熱いところから冷たい方へと伝導します。

営業リーダー（それは営業部長であることが望ましいです）が一番燃えている組織は、人は辞めていきません。採用もうまくいきます。

部下から見て、勉強になる、この人から学ぶことがたくさんあると思えば、自分

のキャリアにとってプラスになると思うはず。そうであるなら、多少会社に不満があろうが、この人の下にいる間だけはこの会社にいようと思うはずです。

さらに、いい営業リーダーの下では会社外のマーケティングライン（関係部署）も、顧客成功に向けて一緒に努力しようと必死に動いてくれます。

努力をしない組織には不満が続出し、前向きに努力をする組織は結果がついてくるため、明るい希望が生まれていくのです。

そんなリーダーが増えていく組織はどんどん好回転していくでしょう。

最も難易度の高い顧客に向き合い、外部統合を繰り返し、そして部下指導もやる。それは大変なことです。しかし、だからこその高給与であり、それこそがビジネスそのものだとは思えませんか。

これからの営業組織の営業リーダーはこの覚悟がないとやってはいけないとさえ思います。

そして、次に譲れないのが人間教育です。

変化の時代に必要な人間教育は、それぞれの人間がそれぞれの道を見つけて（キャリア自律して）、納得して前に進める状態を作り出すことです。

その中で、人間性を磨いていくように仕向けることです。

そのために行う大事なことは、人を促成栽培的に教え込もうと力を入れるのではなく、自らが徳を積む行為の積み重ねです。

徳を積む行為とは、人がやりたくないことを進んで行うとか、人がやってもらいたいことが自らの不利益につながってもいいとわざ譲るとかのことを指します。

具体的には、

自分と違う意見にも積極的に聞く耳を持つ

現場に足を運んで褒めるところを探す

末端で困っていることを探し解消に奔走する

部下の手柄にできるものはすべて実行する

自腹で部下の労をねぎらう

職場のゴミを拾う（率先して掃除をする）

といったことです。

とにかく、気を遣う、配慮する、偉そうにしない、など、あなたの努力で、人が助かった、気持ちいいと思えるようなことを繰り返すことです。

とりわけ、**人から褒められるような明らかによいことである「陽徳」よりも、誰からも褒められないが全体がよくなるような「陰徳」を積むことが大切**です。

リーダーがそのような献身的な姿勢を見せれば、部下は、おのずと自らも「自分よりも他を活かそう」という利他の精神を育んでいきます。

その模範となる行動は、リーダーであるあなたが、組織に貯金するつもりで、折に触れて行動し、徳として蓄積していくことが重要なのです。

Point - 48

これからの営業組織でのリーダーたる役割は、自己最燃焼と人間教育、自己を奮い立たせ、必死で高めることだ。

3 強い「共感」を得るために

今後は、組織の中で妥協点を探る動き、最大公約数を取りにいくような考え方をやめることも大切です。

それよりも、最小公倍数をいくつも積み重ねることが必要です。

かつては、どこで折り合いをつけるかが大切でした。それぞれの主張は曲げていないがなんとなく争点を曖昧にして「譲り合ったような状況」を作ることが大切でした。

その溝を成長が埋め、双方が得したようにしてくれました。

ですからリーダーは、みんなが喜ぶだろうという妥協点を探すのが仕事とも言えました。

心から賛成ではないが、特段反対でもない、みんながそれでいいというなら自分も従う。そう言われたら嫌だけれど、こう言われたら従ってもいい。そんな一致点を探ることが大事な「仕事」のひとつだったわけです。

経済全体が成長軌道に乗っていれば、それでも仕事は成立していました。

しかし今では、それでビジネスが成立するわけでも、ましてやる気が高まるわけでもありません。

これからは、**小さな単位であっても強烈に共感する、信じるに値するという単位（最小公倍数）こそが、実行動、実消費を生み出していく時代**になりました。

心からの優しさ、思いやり、美しいもの、もののあわれ、和気藹々などに心の中を射抜かれたような感覚を持つ。

そんなときこそ、行動を促し、消費が喚起される。世の中はそんな方法に向かいつつあります。

人口が少なくなり、ますます生産性を志向する世の中では、この流れは止められそうもありません。

だからこそ、営業部長であるあなたは、そんな心から共感してくれる仲間を何人も作る必要があります。

あの人の、あの考え方が好きだ、あの仕事の進め方は心が晴れる、人を思いやる心に感銘を受けた、などと言われる必要があります。

そのためにも、発信する言葉や行動ひとつひとつに、魂を込めます。

そして、あの人と仕事がしたい、あの人は信頼できると、相手も魂で返してくれるようなつながりを作るのです。

そのためには、あなた自身が、美意識を磨き、心のひだを増やして、いろんな感性の発信基地になる必要があります。

さらに、あなたの部下に対しても、あなたのそうした発信を受け取れる感性を育むよう、働きかけをしていくことがあなたの仕事になります。

Point - 49

これからの時代は、最大公約数を見つけるより最小公倍数を積み重ねる時代。強い共感を得るために、自らの美意識を磨こう。

4 営業部長が変われば、会社は変わる

結局、これからの営業組織は、**営業部長である「あなたが変われるかどうか」にかかっています。**

これまでの「セールスの大目付」的な役割から、「ビジネスメイキングの先頭打者」への転換こそが必要です。

その転換によって、新しいこれからの営業組織が作られるからです。

あなたが変化しないで、新しい営業組織はあり得ません。

時代に合った新しい営業組織に生まれ変わらせようと本気で考えるなら、あなたがまず最初に変わること、あなたがまず最初に変わったということを部下に認識さ

せることです。

例えば、営業ツールにデジタルを取り入れたいと思ったら、部下にやらせて様子を見るのではなく、あなたが使ってみることです。

営業課長の同行を増やせと指示を出す前に、あなた自身が訪問できるところを探し出し、同行を提案することです。

あるいはクレームが起こったら、部下の対応を待つのではなく、最初から関わりを持ち、フォロー対応の準備はできないでしょうか。

営業会議に遅れてくるとかはもっての外ですし、議事を部下が決めて進行を任せるのではなく、議事は自らで決めて、無駄なものは省き、最後まであなたが主催者として進行を主導することはできないでしょうか。

下からの意見の吸い上げを課長に依頼するような上から目線をやめ、あなたがまず意見を発信して、その反響を聞く。反響がなければ、発信方法や発信する量に問題があるのではないかと省みることができないでしょうか。

大事なことは、**「とりまとめる」発想から、「まず自分が動く」発想へ切り替える**こと。

そのうえで優先すべきことは、「部下の能力を最大限に活かす」ことではなくて、**「あなた自身の能力を最大限に高める」**ことです。

通常営業リーダー・営業部長の発想は、いかに部下の能力を高め、活かしていくかに目が行きがちです。

しかしこれからは、まず自分を高めることです。

その姿勢を見せ、全員がそれぞれに自分主体で考えるよう仕向けることが必要なのです。

なぜなら、ビジネスメイキングの主体は、会社や上司ではなく自分自身であると考える必要があるからです。

自分自身が自律を果たさないと顧客から本当には頼られません。イノベーションを起こすのは会社ではなく私自身だというような感覚が、それぞれに芽生え始める必要があるのです。

これからの営業組織での営業リーダーの役割は、こうやって**自らがまず変化して、変化することでみんなに自律を促すこと、ビジネスの主役であると思わせること、その流れを作ること**が必要です。

そのためにも、あなたが部下から、格好よく、さわやかでパワフルで心ひかれる存在であり続けることが大切なのです。

Point - 50

これからの営業リーダーの役割は、自らがまず変化することに尽きる。どこまでも格好いい存在で居続けることが何より大切だ。

おわりに

サッカーのＷ杯や野球のＷＢＣで日本の控室やベンチの佳麗さがとても話題になりました。

Ｗ杯では、折り鶴で感謝の意を表したり、ＷＢＣでは、整然と並ぶバット（野球道具）や対戦相手国に対するリスペクトした発言、メダルを受け取る際の脱帽の姿勢など、我々日本人が本来世界の人に対してやりたかったことを彼らが見事に表現してくれました。

話題となったのは、我々日本人が何気なく培ってきた美しさを大切にする文化（美意識）が世界の多くの人に共感されたということでしょう。

日本は、自分の昇給を抑えてでも他人の雇用を守る、そんなメンタリティーが残る国です。

本編でも述べましたが、本来の資本主義が浸透せず、多少いびつながら、もともとみんなの腹落ちを大切にする民主主義、権力による統制より自助を是としてきた国なのです。

そんな素晴らしい国、日本が、ビジネスの世界で停滞を余儀なくされている。みんな必死で頑張っているのに、どうしてそうなってしまっているのか。

それはリーダーと言われる人たちがどこかボタンをかけ間違えているのに違いない。

ビジネスにおけるリーダーは誰だ？　会社ならきっとそれは営業部長だろう。営業部長の役割ってなんだ？　そんな疑問からこの本を書き始めました。

営業部長というと、私の中のイメージでは、私が入社した頃の「昭和の営業部長」のイメージがどうしても抜け切れません。

新聞を広げ、お茶を飲み午前中を過ごす、午後になったら忽然と姿を消し、夕方、行きつけの料理屋やバーから電話をよこし、客先といるぞとばかりに誰かが誘われる。

土日は、大抵ゴルフで、金曜になると女性がその手土産を買ったり交通手段を確保するのにバタバタとしている。

こんなに仕事をしていないにもかかわらず、月末や期末のスピーチになると、みんなの活躍をあたかも間近で見てきたかのように気の利いたことを言う。

さらによく観察をすると、彼らの上の社長や重役からの信頼も厚い。

偉くなるということは、こういうことか、若いうちに必死で頑張れば、こんな風に余裕があり、人間性が高まるものなのだ、などと思ったものです。

ところが、自分が営業部長になってみると、まったく違う現実が待っていました。

営業数字が他の部よりも悪いと、3か月間か半年で振り落とされる「ラットレース」の中にずっといました。

特に、実力以上にメンバーを抱えたときは、メンバーから信頼されているという感覚はまったくなく、作り出す数字も自分のものではないという不全感に襲われ続けたのです。

もちろん、私が入社したときと比べると、営業部は圧倒的に忙しくなり、求められることが多くなったことは事実です（私の場合は、会社の借金を返さないと会社が潰れるというプレッシャーの中にあり、異常な利益の捻出を求められていました）。

しかし、少し引いたところから自分を眺めたり、部下の立場から私を見た場合、振り返ってみると、その任を全うするだけの力がなかっただけだったという結論に至らざるを得ません。

私がビジネスメイキングしていることを本当に実感できたのは、左遷され、さらに地方に飛ばされ、傷つき、人の温かさや情感に触れ、人間の本質に気づき、出世よりも自分自身の人生をしっかりコントロールできるキャリア自律を果たしていると確信できるようになってからです。

確かに、この回り道は、自分の人生には大きな意味があったと思います。

あのまま、エリートコース（もう死語でしょうか）を走り切るよりも、いろんな景色を見て、感情に触れられたことは、自分の人生を豊かにしてくれたことに間違いがないでしょう。


しかし、もう少し、何とかならなかったものか。

そういう思いもよぎります。

実力がないときに私の部下だった方には、本当に申し訳ないことをした、適切に彼らのキャリアを導いてあげることができなった、そんな思いにも苛まれます。

ですから、この本は、そのときと同じ立場（営業部長）になられた方々への、猛烈な応援歌のつもりです。


組織で立場が上がるということは、それだけ孤独になるということです。

ひとりで考え、ひとりで決めなければなりません。

寂しくてしかたない。一生懸命やっているのにどうして人から批判を受けるのか、悔しい。

うまくできないことで部下や周りに多大な迷惑をかけてしまった。

どうしたらちゃんとした実力がつくんだ、わからない。そんなふつふつとした情感に襲われることもあることでしょう。

そんなときに、ぜひまたこの書を手に取って読み返していただけるとうれしいです。

この書に向かって自己開示をし、自分から変わる、先頭に立つ、歯を食いしばって今までやったことのないことをやる、覚悟を決めて、やり始めると、きっと道は開けてきます。

決して諦めないでいただきたいと思います。

モデルとなる先輩（先生）が身近にいないのは、あなただけのせいではありません。時代が大きく変わったのです。

そう諦めて、淡々と取り組む手だってあります。

そして、自分が猛烈に責められているという自意識をそろそろ解き放ち、部下のため、家族や周りのため、引いては顧客のため、日本のため、その職を引き受けたのなら、前を向いてやるしかないではありませんか。

営業部長のみなさん、日本のビジネスの未来はみなさんにかかっています。
ぜひ、頑張って欲しいです。心から応援しております。

著者

北澤孝太郎（きたざわ・こうたろう）

東京工業大学大学院 特任教授。東北大学未来型医療創造卓越大学院プログラム特任教授。株式会社フォーサイト社外取締役。

1985年神戸大学経営学部卒業後、株式会社リクルート入社。通信、採用・教育、大学やスクール広報などの分野で営業の最前線で活躍。採用・教育事業の大手営業責任者、大学やスクール広報事業の中部関西地区責任者を担当後、2005年日本テレコム（現ソフトバンク）に転身し、執行役員法人営業本部長、音声事業本部長などを歴任。その後、モバイルコンビニ株式会社社長、丸善株式会社執行役員、フライシュマン・ヒラード・ジャパン株式会社VPなどを経て、現在に至る。営業幹部（役員や部長）や営業リーダーの教育の第一人者であり、営業イノベーションなどの分野でも、研修やコンサル、パーソナルコーチなどに多くの実績を持つ。特に優れた営業戦略・戦術を導く「北澤モデル」は多くの企業で活用されている。

著書に『営業部はバカなのか』『「場当たり的」が会社を潰す』（以上、新潮新書）、『優れた営業リーダーの教科書』（東洋経済新報社）、『営業力100本ノック』『サラリーマン人生100本ノック プロとして働くためのトレーニング』（以上、日本経済新聞出版社）、『日本で唯一！ MBAクラスの「営業」の教科書』（徳間書店）などがある。

決定版　営業部長の戦い方

2024年2月26日 初版発行

著者　北澤孝太郎
発行者　石野栄一
発行　明日香出版社
〒112-0005 東京都文京区水道2-11-5
電話 03-5395-7650
https://www.asuka-g.co.jp
装丁　大場君人
本文設計・DTP　水戸夢童
校正　共同制作社
印刷・製本　シナノ印刷株式会社

ISBN 978-4-7569-2313-4